Cosima Bellersen Quirini

# 399 x EINLEGEN UND EINKOCHEN

## Marmelade, Gemüse, Sauerkraut, Fleisch und mehr einmachen

# Jetzt geht's ans Eingemachte

# ENTSCHLEUNIGEN MIT GENUSS

Ein Buch zum Thema Einkochen und Einlegen in Zeiten, in denen es morgens vor der Arbeit kaum für einen Kaffee reicht und jedwede Art von Nahrungsmitteln ohnehin bereits fertig zubereitet, in riesiger Vielfalt, relativ günstig, fast rund um die Uhr und beinah an jeder Ecke zu haben ist? Ja! Denn selber Vorräte zaubern macht Spaß und wirkt absolut entschleunigend. Zudem ist Hausgemachtes superlecker!

Selbst eingekochte oder eingelegte Delikatessen unterscheiden sich in Geschmack und Inhaltsstoffen in erfreulicher Weise von der Massenware. Sie wissen immer ganz genau, was drin ist im Essen! Sicher möchten Sie möglichst auch auf Geschmacksverstärker, Farbstoffe, Aromen und Stabilisatoren – viele von Ihnen gelten als Allergieauslöser – verzichten.

Sie können so gut wie alles einkochen, einmachen und einlegen und damit haltbar machen – schließlich machten es die Altvorderen schon so. Und das große Angebot an industriell eingekochten Fertigwaren belegt dies ebenfalls: Von Gemüse und Obst aller Art bis hin zu Fleisch, Fisch, Suppen, kompletten Gerichten und aufregenden Saucen – alles kann eingekocht bzw. eingelegt werden. Es macht weder übermäßig viel Arbeit noch ist es teuer; und bis auf einen Schrank oder ein Regalbrett, wo Sie Ihre neuen Vorräte unterbringen, ist auch nicht viel Platz notwendig.

Viel Freude beim Ausprobieren und Genießen wünscht Ihnen

# Einkochen, einmachen und einlegen

*Süß, sauer oder salzig: Beim Einlegen und Einkochen sind der geschmacklichen Vielfalt kaum Grenzen gesetzt. Ob Obst, Gemüse, Pilze, Kräuter, Fleisch, Fisch, Eier oder Käse – Sie können immer wieder neue Kreationen ausprobieren.*

Volle Vorratsregale waren früher der Stolz jedes Hauses und rein nahrungsmitteltechnisch betrachtet die Hoffnung auf das Überleben des bevorstehenden Winters. Längst haben sich die Zeiten geändert, aber Wohlbefinden und Freude vermittelt ein mit selbst gemachten Leckereien gefülltes Regal auch heute noch.

Ob Sie die Lebensmittel direkt beim Bauern, im Hofladen um die Ecke, auf dem örtlichen Wochenmarkt, im Bioladen oder Supermarkt, im Wildhandel (z.B. auch im Internet) oder direkt bei einem Jäger einkaufen, ist nicht entscheidend. Doch die Ware sollte am besten Bioqualität haben, das Gemüse und Obst unge-

*Salz sorgt für Geschmack – und Haltbarkeit.*

### DIE METHODEN ZUM HALTBARMACHEN IM ÜBERBLICK

#### Einkochen

**Wie:** Hitzeeinwirkung zwischen 75 °C und 100 °C
**Was:** tötet teilweise die Sporen von Pilzen sowie Mikroorganismen, hemmt das Wachstum von Mikroorganismen und reduziert die Enzymaktivität
**Wofür:** Fleisch und Fisch, Obst und Gemüse (z.B. Marmeladen, Säfte, Gelees, Chutneys)

#### Zuckern

**Wie:** Zuckerzusatz, Hitzeeinwirkung, Wasserentzug
**Was:** hemmt das Wachstum von Mikroorganismen
**Wofür:** Obst (z.B. Sirup)

#### Säuern

**Wie:** Zusatz von Säure wie Essig, pH-Wert-Absenkung
**Was:** hemmt das Wachstum von Mikroorganismen, tötet sie bei hoher Konzentration auch ab
**Wofür:** Obst und Gemüse (z.B. Gurken, Mixed Pickles, süßsauer Eingelegtes), Kräuter, Pilze, Fleisch, Fisch

#### Einlegen in Alkohol

**Wie:** Zusatz von Alkohol
**Was:** hemmt das Wachstum von Mikroorganismen, tötet sie bei hoher Konzentration auch ab
**Wofür:** Obst (z.B. Rumtopf)

#### Einlegen in Öl

**Wie:** Verhinderung von Kontakt mit der Luft
**Was:** hemmt das Wachstum von Mikroorganismen
**Wofür:** Gemüse, Kräuter, Pasten, Käse (z.B. Feta), Eier (z.B. Soleier), Antipasti

#### Milchsäuregärung

**Wie:** Bildung von Milchsäure durch Milchsäurebakterien, pH-Wert-Absenkung
**Was:** hemmt das Wachstum weiterer Mikroorganismen
**Wofür:** Gemüse (z.B. Sauerkraut)

spritzt und das Fleisch gerne artgerecht produziert sein. Gemüse und Früchte dürfen auch mal krumm, schief und umschlingend gewachsen sein. Möhren mit drei Beinen sind dafür ebenso geeignet wie alles andere. Auch der eigene Garten kann Leckeres bereithalten. Hier schmeckt gerade das Gemüse, was kaum noch zu bekommen ist, viel „echter“ und aromatischer.

Einkochen und Einlegen braucht auch gar nicht so viel Zeit, wie die meisten denken. Sie können in einem speziellen Einkochtopf, einem normalen Kochtopf, im Backofen, im Brotbackautomaten oder sogar in der Spülmaschine einkochen. Milchsauer Eingelegtes gelingt in speziellen Gärtöpfen ebenso wie in den braunen Tongefäßen, die man immer wieder auf Flohmärkten entdecken kann. In Öl Einlegen funktioniert auch in jedem Marmeladenglas.

Neben den klassischen Techniken zum Haltbarmachen, wie Einkochen und Einlegen, gibt es noch weitere interessante Methoden – dazu zählen das Zubereiten von Pasten und leckeren Brotaufstrichen, die einfach durch Öl, Gewürze, Salz oder Zucker eine sanfte Konservierung erhalten. Gut verschlossen im Glas halten sie sich auch ohne Einkochen wochenlang im Kühlschrank. Wie alles genau geht, erfahren Sie auf den nächsten Seiten.

## Tipps für gutes Gelingen

Mit diesen Hinweisen sind Sie fürs Einkochen, Einmachen und Einlegen bestens gerüstet:

- **Nur frische und einwandfreie Waren nehmen.** Obst- und Gemüsestücke ohne Schimmel, braune Stellen oder Maden verwenden (zur Not großzügig herausschneiden). Nur absolut frische Fleischstücke (Einkaufstipps siehe auch Seite 22) und Fischteile nehmen, das heißt, sie müssen vor allem gut riechen, dann sind sie auch gut. Auch Eier sollten frisch sein (siehe rechts).
- **Der Sud macht's:** Heißer Sud macht Gemüse oder Obst etwas weicher. Kalt übergossen bleibt alles sehr knackig. Ganz ohne Sud kommt unverfälschter Geschmack ins Glas.
- **Töpfe, Gläser und Co.:** Schauen Sie zuerst, ob die Gläser und Deckel intakt sind, prüfen Sie Einkochringe auf Risse. Gläser, Töpfe, Deckel, Löffel, Rührbesen, Einmachgummis und andere Utensilien sollten absolut sauber sein. Alles vorweg mit kochendem Wasser und eventuell Hochprozentigem spülen, um Keime zu minimieren. Gläser kopfüber auf ein sauberes Küchenhandtuch stellen. Auch die Glasränder sollten nach dem Einfüllen ganz sauber sein, bevor Sie Gummiringe oder Deckel auflegen. Für sauer Eingelegtes immer Gefäße verwenden, die säureresistent sind, z.B. aus Edelstahl, Porzellan, Steingut oder Glas.
- **Marmeladen, Konfitüren und Chutneys** sollten während des Kochens ständig gerührt werden, damit nichts anbrennt.
- **Vorsicht heiß!** Stellen Sie beim Einfüllen von Heißem stets einen Silberlöffel in die Gläser, das verhindert das Springen derselben. Genauso wirkt ein nasses Tuch, welches um die Gläser geschlungen wird.
- **Einmachen im Einkochtopf:** Stellen Sie bitte die Gläser so in den Topf, dass sie sich weder gegenseitig noch die Topfwand berühren. Ein alter Trick ist, die Gläser mit Zeitungspapier zu umwickeln. Die Gläser sollten mindestens zu drei Viertel der Glashöhe im Wasser stehen. Die angegebene Einkochzeit läuft erst ab dem Erreichen der notwendigen Temperatur. Nach dem Einkochen die Gläser in Ruhe auskühlen lassen und beschriften.

**TIPP ZUM KONFITÜRE- UND CHUTNEYKOCHEN**

Wenn Sie den Topf vor dem Einkochen mit wenig Butter oder Margarine einfetten, wird die Schaumbildung reduziert.

**FRISCHETEST FÜR EIER**

**Methode 1**

Das Ei aufschlagen ...

... Das Eigelb wölbt sich hoch, das Eiweiß ist dickflüssig: Das Ei ist in Ordnung.

... Dotter und Eiweiß zerlaufen sofort: Das Ei ist ziemlich alt, aber noch genießbar.

... Das Ei stinkt: Weg damit!

**Methode 2**

Das Ei mit Schale in ein mit kaltem Wasser gefülltes Glas legen ...

... Das Ei bleibt am Boden liegen: Es ist frisch.

... Das Ei stellt sich leicht schräg: Es ist schon etwas älter, aber noch genießbar.

... Das Ei schwimmt an der Oberfläche: Es ist bereits sehr alt, besser nicht mehr essen.

*Raffiniert und lecker:*

# HERZHAFT EINGEKOCHT

Ob Überraschungsbesuch, Grippe oder Dauerregen – mit einem Vorrat an Eingekochtem, wie Suppen, Fleisch, Saucen, Gemüse und Obst, können Sie sich manchen Weg ersparen und im Handumdrehen Feines auf den Tisch zaubern.

# Einwecken oder einkochen?

*Heißt es nun einwecken, einmachen, eindünsten oder einkochen? Es ist fast alles das Gleiche: eine physikalische Methode, Lebensmittel durch Erhitzen und luftdichtes Abschließen möglichst lange haltbar zu machen. Das gilt für pikante und süße Speisen.*

Einkochen bedeutet genau genommen, Obst oder Gemüse gut zu kochen, heiß in Gläser abzufüllen und sofort zu verschließen, wie z.B. bei Konfitüren, Gelees und Chutneys.

Beim Einmachen oder Eindünsten werden die in Gläser gefüllte Lebensmittel bei etwa 90 °C im Wasserbad oder -dunst haltbar gemacht, Beispiele sind eingeweckte Kirschen oder Gemüsekonserven. Das Einmachen wird im Volksmund meistens ebenfalls als Einkochen bezeichnet – vielleicht weil der Begriff „Einmachen" bei manchem negative Assoziationen hervorruft. Auch der Einkochautomat (siehe nachfolgender Abschnitt) müsste eigentlich Einmachautomat heißen – tut er aber nicht. Insofern wird in diesem Buch auch der Einfachheit halber von Einkochen gesprochen. Einwecken oder Einrexen übrigens sind Synonyme fürs Einmachen, abgeleitet von Weck-Einmachgläsern und Rex-Gummiringen zum Verschließen der Gläser.

**ANS EINGEMACHTE GEHEN**
Ans Eingemachte ging man früher vor allem im Winter. Dann holte man das aus der Vorratskammer, was für die kalten Monate oder für andere Notzeiten eingelagert war und als eiserne Reserve gehütet wurde.

## So klappt's mit dem Einkochen und Einmachen

Einkochen (z.B. Chutneys) können Sie in jedem Kochtopf. Einmachen im Wasserbad lassen sich kleinere Mengen mühelos im Schnellkochtopf, für große Mengen eignet sich der Ein-

**SCHON GEWUSST?**
Den Begriff „Einwecken" prägte ein Herr namens Johann Carl Weck. Er kaufte das Patent zum Haltbarmachen von Lebensmitteln mittels Erhitzen in Gläsern, welche mit Gummiringen dicht verschlossen wurden, und vertrieb im großen Stil die dazu notwendigen Gerätschaften wie Gläser, Ringe und Klammern. Werden so vorbereitete Gläser erhitzt, entsteht im Inneren ein leichter Überdruck, der die Luft entweichen lässt. Der Deckel saugt sich beim Abkühlen am Gummiring fest und das eingeweckte Obst oder Gemüse wird auf diese Weise sehr lange haltbar gemacht. Bereits 1907 wurde der Begriff „Einwecken" als Synonym für das Wort Einkochen in den Duden aufgenommen.

kochtopf bzw. Einkochautomat. Der funktioniert ganz einfach: Wasser einfüllen, mit Zeitungspapier umwickelte Einmachgläser hineinstellen, Temperatur einstellen, und schon geht's los. Die in den Rezepten angegebene Einkochzeit läuft erst ab dem Zeitpunkt, wenn bei älteren Modellen am Thermometer die entsprechende Einkoch-Temperatur – je nach Einkochgut 75–100 °C – angezeigt wird oder bei neueren Geräten das rote Lämpchen am Topf erlischt bzw. auf Grün schaltet. Der große Vorteil der modernen Einkochautomaten ist, dass sie exakt die Temperatur halten, die eingestellt ist. Es gibt eine große Auswahl an Automatiktöpfen mit Temperaturregler und Überhitzungsschutz. Das Fassungsvermögen beträgt bei den meisten Töpfen 27 Liter. Das reicht für 14 1-Liter-Gläser. Die Preise bewegen sich etwa zwischen 70 und 170 Euro.

Ein Schnellkochtopf, auch Drucktopf, Dampfkochtopf, Papinscher Topf oder in Österreich Kelomat genannt, entwickelt durch Überdruck etwa 116 °C. Die Einkochzeit reduziert sich dadurch um etwa die Hälfte.

Natürlich können Sie auch in jedem Kochtopf einmachen. Dann sind Sie mit einem Lebensmittelthermometer auf der sicheren Seite – dieses gibt es schon für unter 10 Euro zu kaufen. Für gleichbleibende Temperatur müssen Sie in diesem Fall aber selber sorgen.

Genauso gut können Sie im Backofen einmachen: Bei Gläsern mit Gummis stellen Sie den Ofen auf 120 °C, füllen die Fettpfanne mit heißem Wasser und stellen die Gläser in den heißen Ofen hinein, ohne dass sie sich berühren. Dann kochen Sie Gemüse und Obst 40–55 min lang ein. Bei Gläsern ohne Gummis kann der Ofen 175 °C heiß sein. Wieder kommen die Gläser ohne Berührung zueinander in die mit heißem Wasser gefüllte Fettpfanne. Sobald der Glasinhalt zu perlen beginnt, können Sie den Ofen abschalten und die Gläser weitere 25–30 min bei geschlossener Ofentür darin lassen. Diese Methode ist allerdings tatsächlich nur für Gläser ohne Gummis geeignet, da bei den hohen Temperaturen die Gummis zu riechen beginnen – und sie sind meist nach der Prozedur nicht mehr gut zu gebrauchen.

## Natur pur einkochen

Das bedeutet Einmachen (fast) ohne alles! So wird der Eigengeschmack der Lebensmittel möglichst unverfälscht gewahrt. Diese Variante dient in erster Linie dem bloßen Haltbarmachen. Und erst nach dem Öffnen der Gläser, beim Zubereiten, können Sie die Speisen nach Herzenslust verfeinern – oder auch pur genießen.

Beim Natur-pur-Einkochen gibt es zwei Möglichkeiten: Sehr wasserhaltige Gemüse- und Obstsorten wie beispielsweise

*Frisch aus der Spülmaschine – geht auch.*

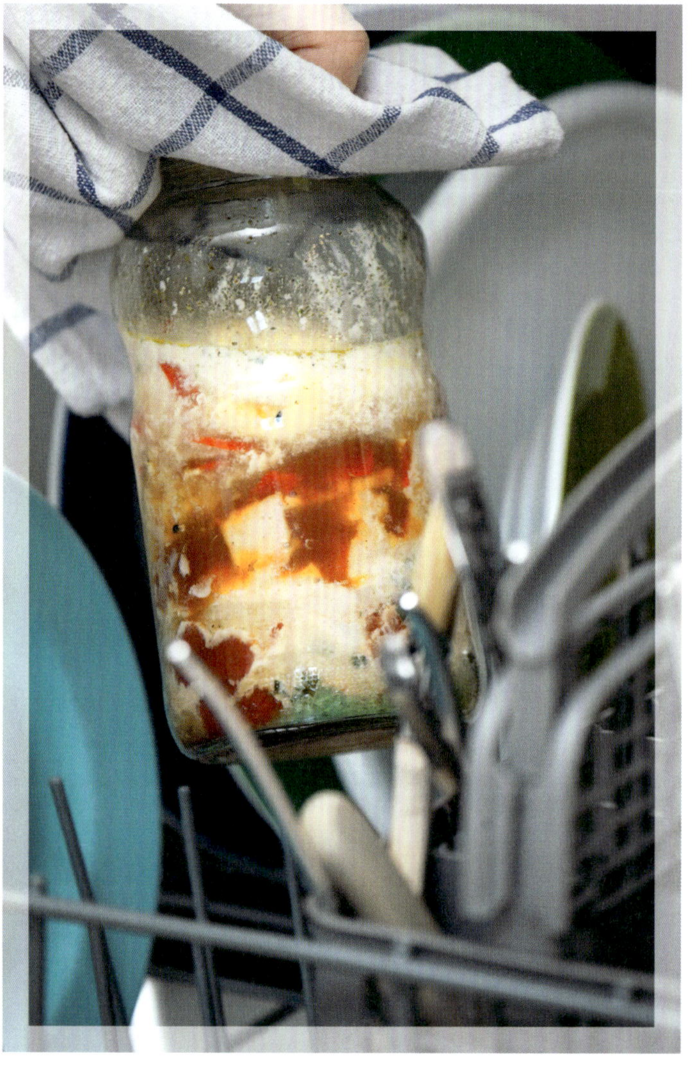

**IN SPÜLMASCHINE UND BROTBACKAUTOMAT EINKOCHEN**

Ja, Sie haben richtig gelesen! Einkochen im Geschirrspüler geht mühelos und ist vor allem für größere Mengen und zartes Gargut wie Beeren, Aprikosen, Gurken oder Saft, aber besonders auch für Fleisch und Fisch perfekt. Alles in Gläser oder Flaschen füllen, diese luft- und wasserdicht verschließen, hineinstellen und den Intensiv-Waschgang mit mindestens 70 °C und mindestens 120 min Dauer einstellen. Kleinere Mengen geben Sie einfach mit hinein, wenn sowieso Spülen angesagt ist. So ist Einkochen ganz einfach und läuft sozusagen nebenbei.

Oder besitzen Sie einen Brotbackautomaten? Dann schauen Sie sich die Programme einmal genauer an, manche Modelle haben ein Einkochprogramm.

Tomaten, Gurken oder Rhabarber können Sie problemlos in ein Einmachglas füllen, verschließen und ohne weitere Zusätze einkochen. Auch Fleisch und Fisch kann so für lange Zeit haltbar gemacht werden (siehe ab Seite 22) – das kulinarische Ergebnis ist sensationell! Sie können aber auch etwas frisch abgekochtes und eventuell leicht gesalzenes oder gewürztes Wasser über die Einlegewaren geben, ebenso Tee (siehe Seite 86) oder andere Flüssigkeiten, bevor sie diese einwecken. Kartoffeln müssen stets komplett mit Wasser bedeckt sein, bei den meisten anderen Einlagen reichen drei bis vier Esslöffel Flüssiges zusätzlich. Obst, Gemüse, Fleisch und Fisch behalten bei beiden Methoden ihren vollen Eigengeschmack und entfalten später auf dem Teller ihr pures und unverfälschtes Aroma.

**FAUSTREGELN FÜR EINKOCHZEITEN**

- Obst: 15–30 min bei 75–80 °C pro 1-Liter-Glas
- Gemüse: 30–100 min bei 95–100 °C pro 1-Liter-Glas
- Je kleiner der Glasdurchmesser und je zarter das Einmachgut, desto niedriger die Temperatur und kürzer die Einweckzeit! Bei zartem Obst wie Beeren, Aprikosen, Pfirsichen oder Melone reichen oft schon 15 min; bei Gurken 30–45 min; bei Spargel, Erbsen und Bohnen 60–100 min; bei Mais, Kohl oder Wurzelgemüse 90–100 min.
- Fleisch: 100–120 min bei 65–100 °C pro 1-Liter-Glas
- Koch- und Brühwurst (z.B. Leberwurst, Zwiebelwurst, Bratwurst, Mortadella): 100–120 min bei 65–100 °C pro 1-Liter-Glas
- Fisch: 90–100 min bei 65–85 °C pro 1-Liter-Glas
- Sie können auch so rechnen: jeweils pro 1 cm Glasdurchmesser Obst 1,5–3 min; Gemüse 3–10 min; Fleisch, Wurst und Fisch 10 min einkochen

# Gemüse im Glas

*Das Leben ist, so habe ich mal jemanden sagen hören, wie Gemüse. Es schmeckt so, wie man es kocht. Nehmen Sie also einige Zutaten, die auch das Leben würzig machen, wie Lust, Fantasie und Fingerspitzengefühl, und erfinden Sie wunderbare Kreationen!*

*Kartoffeln schälen, einlegen und einkochen, so einfach geht das.*

## KARTOFFELSPALTEN

*Kartoffeln pur auf Vorrat*

1 kg Kartoffeln, geschält und in Spalten geschnitten

- Kartoffeln in Gläser schichten, mit abgekochtem, leicht gesalzenem Wasser komplett übergießen
- Gläser verschließen, 12 min pro cm Glasdurchmesser bei 100 °C einkochen

### DAS SCHMECKT AUCH …

Sie mögen Erbsen, Spargel, Spinat, Pilze und Mangold? Oder Blumenkohl, Brokkoli, Bohnen, Kohlrabi und Mais? Das Einkochen funktioniert genauso. Wichtig ist dabei nur: je zarter das Gemüse, desto niedriger die Temperatur und kürzer die Einweckzeit! Spinat beispielsweise 100 min bei 90 °C, Blumenkohl 110 min bei 95 °C.

### KARTOFFELFERIEN

Im Herbst werden Kartoffeln geerntet. Das geschah früher mühsam von Hand: Mit einer Forke wurden die sogenannten Kartoffelnester aufgenommen und die daran baumelnden Knollen geerntet. Die pure Handarbeit wurde irgendwann durch Kartoffelroder ergänzt. Sie wurden von Pferden oder Traktoren gezogen. Eine Spindel drehte sich dabei ins Erdreich und katapultierte die Kartoffeln rechts und links an die Oberfläche. Kinder und Jugendliche sammelten oftmals in den Herbstferien die Kartoffeln ein und erhofften sich damit eine kleine Aufbesserung des Taschengeldes. Die Herbstferien hießen deshalb früher auch Kartoffelferien.

## INGWER-MÖHRCHEN

*Gourmetgemüse*

1 kg Möhren, geputzt und in kleine Stücke geschnitten
1 daumenlanges Stück Ingwer, in feinen Scheiben
je 1 EL Zwiebelwürfel und frische Estragonblättchen
*pro Glas:* je 1 EL Orangensaft und Gemüsebrühe
Wasser und Salz nach Bedarf

- Gemüse und Kräuter mischen, in die Gläser geben
- Orangensaft und Gemüsebrühe dazugeben
- Mit leicht gesalzenem Wasser auffüllen, bis alles bedeckt ist
- Gläser gut verschließen, 6 min pro cm Glasdurchmesser bei 90 °C einkochen

## GURKENGEMÜSE

*Nichts als der pure Eigengeschmack*

1 Salatgurke, geschält, geviertelt, entkernt und in 2 cm lange Stücke geschnitten

- Gurkenstücke einlegen
- Gläser gut verschließen, 3–4 min pro cm Glasdurchmesser bei 90 °C einkochen

## MIXED PUR

*Quer aus dem Gemüsegarten*

3–4 Handvoll Gemüse, z.B. Kohlrabi, Möhren, Bohnen und Sellerie, geputzt und zerkleinert
½ TL Kräutersalz

- Gemüsestücke mit dem Salz mischen, ins Glas geben
- Gläser gut verschließen, 4–5 min pro cm Glasdurchmesser bei 90 °C einkochen

*Selbst gemachtes Möhren- und Gurkengemüse – einfach lecker.*

**GLÄSERARTEN**
Weckgläser gibt es hierzulande in verschiedenen Formen wie Sturz- oder Tulpen-Form, dazu benötigen Sie passende Glasdeckel und Gummiringe. Bei Gummiringen werden die Innen- und Außendurchmesser der Einmachgläser angegeben. Es gibt zudem Gläser mit Bügelverschluss oder sogenannte Mason-Gläser mit Schraubdeckeln. Feuerfeste Gläser mit Twist-off-Deckel, das sind die typischen Marmeladengläser, eignen sich ebenso.

## RATATOUILLE

*Der beliebte Klassiker aus Südfrankreich*

je 2 Zucchini, Knoblauchzehen, Auberginen, Zwiebeln, rote und grüne Paprika und Tomaten, alles geschält und in feine Würfel geschnitten
1 EL Olivenöl
*pro Glas:* 1 EL einer Kräutermischung aus Basilikum, Majoran, Oregano, Rosmarin, Lavendel, Salbei, Thymian, je ½ TL Salz und Pfefferschrot

- Gemüsestücke in Öl andünsten, in Gläser abfüllen
- Gewürze dazugeben
- Gläser gut verschließen, 5 min pro cm Glasdurchmesser bei 90 °C einkochen

## SPINAT IM APFEL-ZWIEBEL-SUD

*Ohne „Blubb“, aber mit Pfiff*

2 kg frische Spinatblätter, gewaschen und grob zerkleinert
*pro Glas:* ½ Tasse Brühe, je 1 EL geriebenen Apfel und Zwiebelwürfel, je ½ TL Salz und geriebenen Ingwer, je 1 Nelke und Pimentkorn, 1 Msp. Muskat

- Spinatblätter einlegen
- Alle weiteren Zutaten dazugeben
- Gläser gut verschließen, 4 min pro cm Glasdurchmesser bei 75 °C einkochen

**DAS SCHMECKT AUCH …**
Für feinen Rahmspinat mit „Blubb“ erwärmen Sie alle Zutaten und geben pro Glas 1–2 EL Sahne dazu. Dann pürieren und mit etwas Honig und Pfeffer abschmecken.

*Schälen, reiben und in die Brühe geben – der besondere Pfiff im Spinat.*

## LIMETTEN-LAUCH

*Mit pikant säuerlicher Note*

2 Stangen Lauch, in Röllchen geschnitten
1 Handvoll Zwiebelwürfel
Saft und Fleisch von 1 Limette
1 TL Honig
je 2 zerdrückte Wacholderbeeren und Pimentkörner
je 1 Msp. abgeriebene Limettenschale und Curry
Wasser und Salz nach Bedarf

- Alle Zutaten mischen, in Gläser füllen
- Leicht gesalzenes Wasser dazugeben, bis alles bedeckt ist
- Gläser gut verschließen, 6 min pro cm Glasdurchmesser bei 100 °C einkochen

## KÜRBISGEMÜSE IM WEISSWEINSUD

*Fein fruchtige Mischung*

2 kg Kürbisfleisch in Würfel
*pro Glas:* ½ Glas trockener Weißwein, 2 EL Orangensaft, 1 Lorbeerblatt, 1–2 Nelken, je ½ TL geriebener Knoblauch, Salz und Zucker, 3 Pfefferkörner, 1 Pimentkorn

- Gemüsewürfel einlegen, weitere Zutaten dazugeben
- Gläser gut verschließen, 10 min pro cm Glasdurchmesser bei 95 °C einkochen

**DAS SCHMECKT AUCH …**

Den Sud sollten Sie bei der späteren Zubereitung unbedingt mitverwenden, z.B. für eine feine helle Sauce oder leckere Suppe.

**LUFTDICHT ABFÜLLEN MIT DEM EINMACHBALL**

Mit dem Einmachball (übers Internet zu beziehen) können Sie Gläser luftdicht verschließen. Nach dem Einfüllen des Einlegeguts den Deckel auflegen und eine Kerze anzünden. Halten Sie die Spitze des Einmachballs in 96%-igen Alkohol, dann in die Kerzenflamme. Den Deckel an einer Seite so anheben, dass nur ein kleiner Spalt bleibt. Die brennende Spitze des Balls ins Glasinnere führen, dabei den Gummiballon drücken. Nicht erschrecken, dabei entsteht ein kleiner Feuerstoß und schießt ins Glas, dabei die Spitze schnell wieder herausziehen. Jetzt den Deckel rasch loslassen und kurz andrücken oder fest zudrehen. Das Glas ist felsenfest verschlossen und das Eingemachte hält jahrelang.

## FEINE SPARGELMISCHUNG

*Für Spargelgenuss das ganze Jahr über*

1,5 kg weißer Spargel, geschält und in 2 cm lange Stücke geschnitten
500 g grüner Spargel, geputzt und in 2 cm lange Stücke geschnitten
3–4 Frühlingszwiebeln, in Röllchen
*pro Glas:* 1–2 Tassen kochendes Wasser, 1 Lorbeerblatt, je 1 TL Limettensaft und fein gehackte Estragonblättchen, je 1 Msp. Salz und Pfefferschrot

- Gemüse mischen, in Gläser einlegen
- Gewürze und Wasser dazugeben
- Gläser gut verschließen, 10 min pro cm Glasdurchmesser bei 90 °C einkochen

### DAS SCHMECKT AUCH …

**Kräuter-Mangold:** 1 kg Mangold, pro Glas je 1 TL frische Schnittlauchröllchen und rote Zwiebelwürfelchen, je 1 Msp. Thymian, Majoran, Rosmarin und Salz

**Honig-Thymian-Möhrchen:** 1 kg Möhren, pro Glas 1 TL Honig, 1 EL Zwiebelwürfelchen, 1 Zweig Thymian, Salz und Pfeffer

**Blüten-Spargel:** 1 kg Spargel, pro Glas 1 EL gemischte essbare Blüten, je 2 Nelken und Pimentkörner, 1 Msp. Salz

**Soja-Chili-Kohlrabi:** 1 kg Kohlrabi, pro Glas 1 Knoblauchzehe, 1 EL Sojasauce, 1 TL Chiliflocken, ½ TL Kräutersalz

**Estragon-Fenchel:** 1 kg Fenchel, pro Glas 1 Zweig Estragon, 2 EL Zwiebelwürfelchen, je 2 Pfefferkörner und Nelken, 1 Lorbeerblatt, 1 Msp. Salz

**Curry-Blumenkohl:** 1 kg Blumenkohl, pro Glas Saft von 1 Limette, je 1 TL Curry und Honig, je ½ TL Pfefferschrot und Salz

**Balsamico-Kirschtomaten:** 1 kg Kirschtomaten, pro Glas 1 EL Balsamico-Essig, je 1 TL Oregano und Basilkumblättchen, 1 Msp. Salz

**Karamell-Mais:** 1 kg Maiskörner, pro Glas 1 EL Malzextrakt, je 1 TL Zwiebelwürfelchen, Petersilie und geriebener Apfel, je ½ TL Pfefferschrot und Salz

## KRÄUTER-PAPRIKA

*Aus Bella Italia*

4 Paprikaschoten, in feinen Streifen
2 Tomaten, gewürfelt
1 Handvoll Zwiebelwürfel
2 Knoblauchzehen, zerdrückt
je 1 EL gerebelter Thymian, Rosmarin und Majoran
1 TL Pfefferschrot
Wasser und Salz nach Bedarf

- Gemüse und Gewürze mischen und in Gläser füllen
- Leicht gesalzenes Wasser dazugeben, bis alles bedeckt ist
- Gläser gut verschließen, 9 min pro cm Glasdurchmesser bei 95 °C einkochen

*Paprika klein schneiden und ab ins Glas – kinderleicht.*

## TRAUBEN-KARAMELL-WIRSING

*Als Beilage oder Hauptgericht*

1 Wirsingkohl (oder Chinakohl, Butterkohl, Kohlrabi, Weißkohl, Rotkohl, Brokkoli, Spitzkohl, Blumenkohl), fein geschnitten
1 große Zwiebel, in Würfel
1 Knoblauchzehe, in Würfelchen
1 Handvoll weiße Trauben
1 Handvoll Zucker
1 halbdaumengroßes Stück Ingwer
je 1 EL Butter und gehackte Petersilie
2 Pimentkörner, zerdrückt
je 1 Msp. Macis, Koriander, Nelke, Zimt, Chili und Liebstöckel
je ½ Glas Orangensaft und Brühe
Salz und Pfeffer

- Butter schmelzen, Gemüse und Trauben dazugeben, alles andünsten
- Zucker hinzufügen, mitdünsten, dann mit Saft und Brühe ablöschen
- Alle weiteren Gewürze dazugeben, alles weich kochen
- Mischung in Gläser füllen, verschließen, 100 min bei 75 °C einkochen
- Zum Servieren den Trauben-Karamell-Wirsing erhitzen, 1–2 EL Schmand und 1 TL Speisestärke verrühren und untermischen, alles einmal aufkochen lassen

**GLAS AUF – SCHON FIX UND FERTIG!**
Einfach alles nur noch aufwärmen – und guten Appetit. So geht Einkochen auch! Herauskommt eine Art Fertiggericht, welches mit den langweiligen Waren aus dem Supermarkt nichts gemein hat. Einkochen können Sie im Prinzip alles, was Sie bereits fertig gekocht haben, solange es nicht mit Mehl oder Stärke gebunden ist. Besonders beliebt im Vorrat sind Gemüse aller Art, Suppen, Fonds und Saucen (siehe auch ab Seite 41).

## LINSENTOPF

*Deftig und gesund*

400 g braune Linsen
je 1 Handvoll fein gehackte glatte Petersilie, Speck- und Zwiebelwürfelchen, Lauchröllchen sowie fein geraspelte Möhren und Sellerie
1 Knoblauchzehe, zerdrückt
2 EL Butter
1 TL Thymian
½ TL Schabzigerklee
4 Lorbeerblätter
½ Tasse dunkler feiner Essig
Salz und Pfeffer
ca. 1 l Wasser

- Gemüse samt Linsen in Butter andünsten, Topf mit Wasser auffüllen, die restlichen Zutaten einrühren
- Alles weich kochen, abschmecken
- In Gläser füllen, verschließen, 10 min pro cm Glasdurchmesser bei 75 °C einkochen
- Zum Servieren eventuell mit etwas Speisestärke (in Wasser angerührt) andicken

**MEIN TIPP**
Mit Spätzle, Senf und „Saitewürschtle" wird daraus der schwäbische Klassiker.

*Eingemachter Kohl ist eine ideale Winterspeise.*

## PFLAUMEN-CHINAKOHL

*Mit einer süß-fruchtigen Note*

1 Chinakohl (oder Weißkohl, Butterkohl, Spitzkohl, Kohlrabi, Rotkohl, Brokkoli, Blumenkohl, Wirsing), fein geschnitten
1 große Zwiebel, in Würfel
1 Knoblauchzehe, in Würfelchen
je 1 Handvoll Möhrenstückchen und weiße Trauben
1 halbdaumengroßes Stück Ingwer
1–2 EL Pflaumen-Chutney
3 Pimentkörner, zerdrückt
½ TL abgeriebene Zitronenschale
je 1 Msp. Senfpulver, Muskat, Nelke, Liebstöckel und Kardamom
je ½ Glas trockener Weißwein und Brühe

- Butter schmelzen, Gemüse und Trauben dazugeben, alles andünsten
- Chutney untermischen
- Mit Wein und Brühe ablöschen
- Alle weiteren Gewürze dazugeben, Gemüse weich kochen
- Mischung in Gläser füllen, verschließen, 100 min bei 75 °C einkochen
- Zum Servieren den Kohl erhitzen, 2 EL Crème fraîche und 1 TL Speisestärke verrühren und untermischen, alles einmal aufkochen lassen

**IST DAS NOCH GUT?**
Vertrauen Sie Ihrem Auge, Ihrem Geschmack und vor allem Ihrer Nase in Sachen Haltbarkeit! Lebensmittel, die schlecht sind, riechen auch schlecht, sie schmecken nicht mehr und wenn sich gar Schimmel darauf gebildet hat, wird's Zeit für den Mülleimer. Alles andere ist zum Essen geeignet – und keine Sorge, so schnell kann man sich durchs Riechen, Gucken und ja, auch durchs Schmecken nicht vergiften. Nur Mut ins eigene Urteilsvermögen!

## LAVENDEL-RAHNEN

*Etwas ganz Besonderes aus Roter Bete*

6 rohe Rahnen (Rote Bete), geschält und gewürfelt (Handschuhe benutzen, färbt stark)
1 große Zwiebel, in Würfel
1 Knoblauchzehe, zerdrückt
je 1 TL Butter, Honig und Thymian
je ½ TL Lavendelblüten und gehackte Petersilie
1 Lorbeerblatt
½ Glas trockener Rotwein
Salz und Pfeffer

- Butter schmelzen, Gemüse und alle Gewürze dazugeben, andünsten
- Mit Wein ablöschen, Rahnen weich kochen, abschmecken
- Mischung in Gläser füllen, verschließen, 90 min bei 80 °C einkochen
- Zum Servieren die Rahnen erhitzen, 2 EL Sahne und 1 TL Speisestärke verrühren und untermischen, alles einmal aufkochen lassen

# Fleisch- und Wurstküche

*Mit Liebe eingekochtes Fleisch und selbst gemachte Wurst – ein Genuss mit herrlichem Aroma! Ob Natur pur eingekocht oder bereits als hausgemachtes Fertiggericht, hier kommen Gourmets voll auf ihre Kosten.*

**MAN UNTERSCHEIDET**
- Fleischsorten, wie Schwein, Ziege, Fasan ...
- Fleischteile, wie Lende, Schulter, Haxe ...
- Fleischarten, wie Muskelfleisch, Fettgewebe, Innereien ...

Zum Einmachen in Gläsern bzw. für eigene Wurst eignen sich alle Fleischsorten: Schwein, Rind und Kalb, Lamm, Ziege, Geflügel, Kaninchen, Pferd oder Wild. Jede Fleischsorte hat ihren eigenen besonderen Geschmack; aber auch Alter, Geschlecht, Nährzustand und Art der Ernährung sowie die Tierhaltung haben Auswirkungen auf den Geschmack.

## Wo kaufe ich mein Fleisch?

Supermarkt, Metzger, Jägerei oder Hofladen – entscheidend ist nicht, wo Sie einkaufen, sondern was! Billiges und gleichzeitig gutes Fleisch gibt es nicht. Vor allem in Supermärkten haben Sie oft eine große Palette von sehr günstigem bis sehr teurem Fleisch zur Auswahl. Vorsicht vor Billigware: Dieses Fleisch stammt häufig von qualvoll gehaltenen und geschlachteten Tieren. Greifen Sie besser zu Biofleisch! Das Siegel der Europäischen Union (ein Blatt aus weißen Sternen auf grünem Grund) garantiert, dass bei der Haltung die Mindeststandards der EU-Öko-Verordnung eingehalten wurden.

Die strengsten Kriterien gibt es bei den Bioverbänden. Halten Sie beim Einkauf daher Ausschau nach Fleisch aus Anbauverbänden wie Naturland, Demeter und Bioland. Vieles spricht auch für den Einkauf bei regionalen Anbietern, egal ob es sich dabei um Metzgereien, Wochenmärkte, Züchter, Lebensmittel- oder Hofläden handelt. Fragen Sie nach Fleisch aus der Gegend! Vielerorts gibt es bei den Stadtverwaltungen Listen von Anbauverbänden, Züchtern oder Höfen mit Direktvermarktung.

Eine gute Alternative zu Fleisch ist Wildfleisch. Es gehört zu den wenigen naturbelassenen Nahrungsmitteln unserer Zeit. Neben den bereits genannten Einkaufsmöglichkeiten werden Sie bei Jägern, den Wildbörsen im Internet und speziellen Wildhandelsgeschäften fündig. Doch egal, wofür Sie sich entscheiden, ein verantwortungsbewusster Fleischverkäufer achtet nicht nur auf gute Qualität, sondern hat die Tiere, deren Fleisch uns als Nahrung dient, wohlwollend im Auge.

**SCHLECHTES FLEISCH ERKENNEN**

PSE-Fleisch:
P=pale (zu blass),
S=soft (zu weich) und
E=exudative (zu wässrig)

DFD-Fleisch:
D=dark (zu dunkel),
F=firm (zu fest) und
D=dry (zu trocken)

*Fleischbällchen in Sauce.*

## So kommen Fleisch und Wurst ins Glas

Um Fleisch und Wurst schonend und sicher haltbar zu machen, genügen Einkochtemperaturen von 65–85 °C. Damit sind normalerweise Bakterien abgetötet. Vorsichtige Genießer gehen dennoch gern hoch bis 100 °C, damit auch wirklich nichts schief läuft. Und so geht's:

- **Rohes Fleisch:** in Stücke zerteilt und kalt, mit oder ohne Gewürze sowie mit oder ohne Flüssigem in Gläser legen, pro cm Glasdurchmesser 10 min einkochen
- **Vorgekochtes oder gebratenes Fleisch:** zerteilt, heiß oder kalt, mit oder ohne Gewürze, mit oder ohne Flüssigem in Gläser legen, pro cm Glasdurchmesser 6 min (bei heißem Fleisch) bis 10 min (bei kaltem Fleisch) einkochen
- **Rohe Wurstmasse:** kalt oder heiß, ohne weitere Flüssigkeit oder Zutaten in Gläser füllen (maximal zwei Drittel voll), pro cm Glasdurchmesser 6 min (bei heißer Masse) bis 10 min (bei kalter Masse) einkochen
- **Fertige Wurst:** ganz frische und trocken abgeriebene kleinere Würste im Naturdarm ohne Flüssigkeit oder weitere Zutaten in Gläser legen, pro cm Glasdurchmesser 6–8 min einkochen

## Raus aus dem Glas und guten Appetit

Fleisch, welches ohne flüssige Zutaten eingekocht wurde, vor dem Essen kurz in Öl, Butter oder Schmalz anbraten oder einfach in eine bereits erwärmte Sauce geben und darin warm werden lassen.

Mit Sud eingekochtes Fleisch in einen Topf geben und im Sud erhitzen. Ein Teelöffelchen Stärke in etwas Flüssigkeit, wie Wasser, Brühe, Wein, Saft, Sahne o.Ä. lösen, in den Sud einrühren und alles einmal kurz aufkochen lassen. Abschmecken, fertig! Es passt wunderbar zu Brot, Nudeln, Kartoffeln, Reis und Gemüse.

Die Wurst lässt sich sofort nach dem Öffnen des Glases aufs Brot streichen. Ein erneutes Aufkochen ist nicht nötig. Geöffnet ist sie im Kühlschrank etwa vier bis zehn Tage haltbar.

**BACKPULVER IN DER WURST?**

Manche Würste neigen dazu, sich beim Brühen (Kochen) wieder aufzuteilen. Dann hat man im Glas zwar eine leckere Wurst, aber die Gelee- und Fettanteile haben sich getrennt voneinander Richtung Boden oder Oberfläche abgesetzt. Backpulver schafft da Abhilfe: Es enthält Phosphat und sorgt damit für eine gute Bindung in der Wurstmasse. Backpulver ist nicht unbedingt nötig, aber für die Schönheit der Wurst nützlich.

## FLEISCHFILET IM GLAS

*Grundrezept*

1,5 kg Filet, z.B. vom Schwein, Rind oder Hühnerbrust, in 3–4 cm großen Stücken
*pro Glas:* 1 Bouquet nach Wunsch (siehe Kasten)

- Die Zutaten in Gläser füllen
- Gläser gut verschließen, 6–8 min pro cm Glasdurchmesser bei 100 °C einkochen

## SCHWEINELENDE IM GLAS

*Fast ohne alles – Geschmack pur*

1 kg Schweinelende, in 3–4 cm dicke Stücke geschnitten
*pro Glas:* je 2–3 Nelken und Pfeffer- sowie Pimentkörner, 1 Lorbeerblatt, 1 Tasse kochendes Wasser

- Fleisch und Gewürze in Gläser schichten
- Mit dem Wasser auffüllen, verschließen
- Pro cm Glasdurchmesser 10 min bei 85 °C einkochen

## WÜRZFLEISCH

*Kräftig-würzig*

1 kg Schweinschulter, in Stücke zerteilt
*Sud:* 1 l Wasser, 2 EL Schalottenwürfel, 1 EL Oregano, je 1 TL Salz und Rosmarin, je 1 Msp. Paprika edelsüß und rosenscharf, schwarzer Pfeffer, Macis, gemahlenes Piment und Salbei

- Sud mischen und aufkochen
- Fleisch in Gläser schichten, mit dem heißen Sud auffüllen, verschließen
- Pro cm Glasdurchmesser 10 min bei 85 °C einkochen

### BOUQUETS: KLEINE FEINE STRÄUSSCHEN

Kleine Kräutersträußchen erleichtern das Würzen: dazu frische Kräuter einfach zusammenbinden und trocken. Dann bei Bedarf mitkochen.

- Bouquet garni (klassisch): Petersilie, Thymian und Lorbeerblatt
- Bouquet Agneau (für Lamm): Rosmarin, Majoran und Sellerieblättchen
- Bouquet Volaille (für helles Geflügel und Gemüse): Kerbel, Estragon und Liebstöckel
- Bouquet Canard (für Ente): Rosmarin, Bohnenkraut und Petersilie
- Bouquet Fruits de Mer (für Meeresfrüchte): Dill, Estragon und Petersilie
- Bouquet Pommes de Terres (für Kartoffeln): Liebstöckel, Schnittlauch und Kerbel

*Mit kleinen Kräutersträußchen haben Sie immer leckere Gewürze parat.*

### LAMM MIT RAUCHAROMA

*Mit Rauchsalz als i-Tüpfelchen*

1 kg Lammfilet, in 2 cm dicke Streifen geschnitten
je 1 EL zerdrückter Knoblauch, Rosmarin und Honig
1 TL Rauchsalz

- Alles mischen, in Gläser schichten und verschließen
- Pro cm Glasdurchmesser 10 min bei 85 °C einkochen

### SHERRY-ZWIEBEL-FLEISCH

*Gourmethappen*

1 kg feines Rindfleisch, in 2 cm dicke Streifen geschnitten
je 4 EL fein geriebene Zwiebeln und Sherry
je ½ TL Rauchsalz, Senfmehl und Pfefferschrot
2 zerdrückte Wacholderbeeren

- Alles mischen, in Gläser schichten und verschließen
- Pro cm Glasdurchmesser 10 min bei 85 °C einkochen

### ORANGEN-ESTRAGON-HÜHNCHEN

*Klassisch gute Gourmetfreude*

1 kg Hühnchenbrust, in 2 cm dicke Streifen geschnitten
je 1 Tasse Brühe und Orangensaft
2 EL Estragon
je 1 Msp. Nelke, gemahlenes Piment und Pfeffer

- Fleisch und Gewürze mischen, in Gläser schichten, Brühe und Saft dazugeben und verschließen
- Pro cm Glasdurchmesser 10 min bei 85 °C einkochen

## BADISCHES KALBFLEISCH

*Eine südbadische Spezialität*

1 kg Kalbfleisch, in Würfel (Gulaschgröße)
je 2 EL Zwiebelwürfel, Petersilienwurzel- und Möhrenraspeln, Lauchringe und Selleriestückchen
*pro Glas:* 2–3 Pfefferkörner, je 1 Nelke und Wacholderbeere, ¼ Lorbeerblatt, je 2 EL trockener Weißwein und Wasser, 1 TL weißer Balsamico-Essig, ½ TL Salz

- Fleisch und Gemüse in Gläser schichten, Gewürze und Salz dazugeben
- Gläser mit kochendem Wasser auffüllen, verschließen
- Pro cm Glasdurchmesser 8 min bei 85 °C einkochen
- Zum Essen heiß werden lassen und mit etwas Stärke – in Sahne verrührt – binden. Besonders lecker dazu schmecken Bandnudeln

**DAS SCHMECKT AUCH …**

Sie haben unendliche Variationsmöglichkeiten! Ersetzen Sie bei dunklen Fleischsorten den Weißwein durch Rotwein und den weißen Balsamico durch roten Essig. Statt Nelke und Wacholderbeere schmecken …

**… zu Lamm:** Koriander und Kreuzkümmel

**… zu Schweinefleisch:** Paprika und Knoblauch

**… zu hellem Geflügel:** Curry und Estragon

**… zu dunklem Geflügel:** Beifuß und Preiselbeeren

## LAMM-HACKBÄLLCHEN IM GLAS

*Lecker zu Reis und Gemüse*

1 kg Lammhack
250 g Bauchspeck, gewolft
2 Eier
2 Tassen Semmelbrösel
je 4 EL Zwiebelwürfel und fein gehackte Petersilie
je 1 TL Salz, Senf, Honig, Sojasauce und Tomatenmark
je 1 Msp. Nelke, Pfeffer, Muskat und Schabzigerklee
Abgekochtes, leicht gesalzenes Wasser

- Alle Zutaten (bis auf das Wasser) mischen und zu kleinen Bällchen formen
- In Gläser schichten, zur Hälfte mit dem nur noch lauwarmen Wasser aufgießen, verschließen
- Pro cm Glasdurchmesser 6 min bei 85 °C einkochen

*Feine Brühe für Gesunde – Kraftsuppe für Kranke.*

## BEEFTEA
*Wirksame Krankenkost*

600 g Rindfleisch ohne Knochen
100 g Möhren
je 1 Zwiebel und Petersilienwurzel
½ Stange Lauch
2 Tomaten
1 Bund Petersilie, grob gehackt
2–3 Wacholderbeeren
1 Lorbeerblatt
1 Msp. Muskatnuss
Salz und Pfeffer

- Fleisch und Gemüse wolfen, Petersilie und Gewürze dazugeben, alles gut vermischen
- Bis zur Hälfte in ein hohes Glas füllen, mit Wasser aufgießen und gut verschließen
- Das Glas in einen hohen Topf stellen und mit so viel Wasser auffüllen, dass das Glas möglichst hoch vom Wasser umschlossen ist
- Glas bei 110 °C für 3 Stunden einkochen, dann abkühlen lassen
- Zum Verzehr Beeftea durch ein Tuch oder ein feines Sieb gießen und erneut erhitzen

**DAS SCHMECKT AUCH …**
Zum Verfeinern Curry, Sherry, Sojasauce, einige frische Gemüsewürfel und 1 Ei in den Beeftea geben, 1 min schwach kochen, dann in Tassen servieren.
Das Fleisch lässt sich übrigens für eine leckere Sauce Bolognese verwenden.

**„FLEISCHTEE“ ZUM AUFPÄPPELN**
Beeftea bedeutet wörtlich übersetzt Fleischtee. Es ist eine hoch konzentrierte Fleischbrühe aus Rindfleisch und geht auf den Chemiker Justus von Liebig zurück. Als seine Tochter einmal schwer krank war und jegliche Nahrung verweigerte, kochte er ihr angeblich diese Fleischbrühe, um sie zu retten. Das Rezept ist längst tradiert und im englischsprachigen Raum, daher auch der Ausdruck Beeftea, aus der Krankenküche nicht mehr wegzudenken. Ob krank oder kerngesund – Beeftea ist ein wohl schmeckendes Kraftsüppchen.

## GULASCH IM GLAS

*Klassisch gut*

1,5 kg Rindergulasch
300 g Zwiebeln, in Würfel
250 g Kartoffeln, in Würfel
2 Knoblauchzehen, fein zerdrückt
je 2 Handvoll frische geviertelte Champignons sowie klein geschnittenes gemischtes Suppengemüse aus Möhre, Sellerie, Petersilienwurzel und Lauch
2 gelbe Paprikaschoten, enthäutet und gewürfelt
1 Tube Tomatenmark
1 Flasche trockener Rotwein
½ l Brühe
4 EL rote Chilischotenwürfelchen
2 EL fein gehackte glatte Petersilie
1 EL Butterschmalz
je 1 TL Majoran, Chili, Honig und Malzsirup
je 1 Msp. Macis, gemahlener Ingwer, gemahlenes Piment und Koriander
Salz und Pfeffer

- Das Fleisch im Butterschmalz sehr braun anbraten, herausnehmen, Zwiebelwürfelchen darin anbraten, Knoblauch und Tomatenmark dazugeben, leicht anrösten
- Fleisch wieder dazugeben
- Mit Brühe und Rotwein ablöschen, Majoran, Chili, Macis, Ingwer, Piment und Koriander dazugeben, 30 min simmern lassen (im Dampftopf verringert sich die Zeit auf etwa 5 min)
- Kartoffeln dazugeben, nochmals 30 min (im Dampftopf 10 min) köcheln
- Suppengemüse, Champignons, Paprika und Chilischote dazugeben und weitere 5 min kochen
- Mit Honig, Malz, Salz und Pfeffer abschmecken
- Pro cm Glasdurchmesser 6 min bei 75 °C einkochen

## SAUERFLEISCH

*Lecker mit Bratkartoffeln und Remouladensauce*

400 g Schweinenacken, in Scheiben
1 l Wasser
350 ml feiner Essig
2–3 Zwiebeln, in Würfel
1 Glas trockener Weißwein
6 EL weißer Portwein
8 Blatt Gelatine
4 Wacholderbeeren
3 Nelken
1 Lorbeerblatt
je 1 TL Nitritpökelsalz, Pfefferkörner und Zucker

- Wasser mit Gewürzen und Zwiebeln zum Kochen bringen
- Fleisch darin gar kochen, herausnehmen und etwas abkühlen lassen
- Sud mit Essig, Salz, Weiß- und Portwein abschmecken, durch ein Sieb abgießen
- Gelatine in kaltem Wasser einweichen, ausdrücken, im heißen Sud (maximal 75 °C) auflösen
- Fleisch in Gläser schichten, Sud darübergießen, verschließen, kalt stellen

*Selbst gemacht: Corned Beef ins Glas füllen, abkühlen lassen, fertig.*

**DAS SCHMECKT AUCH …**
Es geht auch ohne Aspik oder sonstiges Bindemittel! Stattdessen einige Schwarten und Knochen mitgaren.

## CORNED BEEF

*Das ursprüngliche Rezept aus dem Angelsächsischen*

1 kg durchwachsenes Rindfleisch, in kleine Stücke geschnitten
1 EL Nitritpökelsalz
2–3 EL Molke, saure Sahne, Schmand, Butter- oder Dickmilch
2 TL brauner Zucker oder Honig
je ½ TL Pfeffer-, Senf-, Koriander- und Pimentkörner, Wacholderbeeren und Fenchelsaat
je 1 Lorbeerblatt und Kardamomkapsel
3–4 Nelken
½ l abgekochtes und wieder abgekühltes Leitungswasser oder stilles Mineralwasser
Aspik, Aspikpulver oder hitzebeständiges Bindemittel wie Agar-Agar
*Nach Wunsch:* Suppengrün, fein zerhackt

- Gewürze (bis auf das Nitritpökelsalz) mörsern, mit den Fleischstücken mischen und in ein Gefäß schichten
- Nitritpökelsalz, Zucker, Wasser und das Milchprodukt mischen und über das Fleisch gießen, sodass alle Fleischstücke gut gedeckt sind
- Abdecken, 1 Tag bei Raumtemperatur ziehen lassen, dann 12–14 Tage kühl (unter 10 °C) stellen, dabei täglich durchmischen
- Aspikpulver untermischen, in eine hitzebeständige Form geben, eventuell mit Alufolie abdecken und 3 Stunden bei 75 °C im Backofen garen
- Erkalten lassen und aufschneiden

**CORNED BEEF ODER FRÜHSTÜCKSFLEISCH?**
Diese beiden unterscheiden sich nur in der Fleischsorte: Corned Beef wird aus Rind gemacht, Frühstücksfleisch aus Schwein. Die Machart ist jedoch gleich: Die gepökelten Fleischstücke (oft zerkleinert, manchmal auch im ganzen Stück) werden im eigenen Saft in einer kompakten Form gegart. Dadurch geliert die Masse und wird beim Erkalten fest. In Deutschland wird es oft etwas anders gemacht, und zwar zuerst in einer Gemüsebrühe gekocht und dann mit Gelatine zu einer Art Aspik verarbeitet. Als Festmahl am St. Patrick's Day oder als warmes Alltagsessen zu Kohl gehört Corned Beef in vielen Ländern auf die Speiskarte.

*Kräuter: Grüne Komponente in feinem Schmalz.*

## FRIDAS FEINE KRÄUTERSÜLZE

*Grüne Kräuter verfeinern ein traditionelles Gericht*

800 g Schäufele (gepökelte und leicht geräucherte Schulter)
200 g Schweinbacke
1 Handvoll grüne Kräuter wie Schnittlauch, Petersilie, Majoran, Salbei, Thymian, Estragon und Basilikum, alles fein gewiegt
2 Tomaten, gewürfelt
½ Becher Schlagsahne
je 2 EL Sherry, Zwiebeln und Knoblauch, jeweils fein gehackt
je 1 TL Olivenöl und Karamellcreme
je ½ TL schwarzer Pfeffer, Pimentkörner, Macis und Chiliflocken
Salz und Pfeffer

- Schäufele und Backen mit den Gewürzen in einen Topf geben, so viel Wasser hinzufügen, dass alles gerade bedeckt ist, Fleisch weich kochen
- Fleisch grob zerkleinern, abtropfende Brühe auffangen, Brühe und Fleisch zusammen wolfen
- Kräuter in Olivenöl andünsten, mit Sherry und Sahne ablöschen
- Alle restlichen Zutaten, Kräuter und Fleisch mischen
- Masse kurz aufkochen, in Gläser füllen, verschließen
- Bei 75 °C 10 min pro cm Glasdurchmesser kochen

## KRÄUTERSCHMALZ

*Mit frischen Kräutern*

je 500 g Schweineschulter und -bauch
80 g Schweineschmalz
2 Schalotten, in Würfel
1 Handvoll gemischte grüne Kräuter, z.B. Thymian, Basilikum, Petersilie, Schnittlauch, Bärlauch, Dill
***Für die Brühe:*** 1 l Wasser, je 1 TL gekörnte Brühe und Kräutersalz, je ½ TL Pfeffer, Paprika edelsüß, Macis, Pimentkörner, Zimt und Ingwer

- Bauch in Brühe garen, wolfen
- Schweineschulter winzig fein würfeln, mit den Schalotten und den Kräutern im Schmalz anbraten
- Die angebratenen Schulterwürfel mit 5–6 EL Brühe ablöschen
- Alle Zutaten mischen, in Gläser füllen und fest werden lassen, kühl stellen

## POTTSUSE

*Eine Harzer Spezialität, ähnlich dem französischen Rillette, mehrere Jahre haltbar*

400 g mageres Schweinefleisch, gehackt oder fein gewürfelt
300 g Schweinebauch, gewürfelt
50 g Schweineschmalz
je 2 EL Zwiebelwürfel und Weinbrand
1 Lorbeerblatt
½ TL gekörnte Gemüsebrühe und brauner Zucker
je 1 Msp. gemahlenes Piment, Macis, Kümmel und Pfeffer
1–2 Spritzer Worcestershire-Sauce

- Zwiebeln in einem großen Topf in etwas Schmalz andünsten
- Alle anderen Zutaten, bis auf das restliche Schmalz, dazugeben, mit Wasser auffüllen, sodass alles gerade bedeckt ist
- Kochen lassen, bis das Wasser so gut wie verdampft ist, dabei häufiger umrühren
- Restliches Schmalz dazugeben, einige Minuten mitkochen lassen, Lorbeerblatt herausnehmen
- Masse in Gläser abfüllen, fest verschließen

### DAS SCHMECKT AUCH …

Feine Susen in leckeren Variationen – hier können Sie Ihre Fantasie spielen lassen. Lassen Sie für weitere Ideen den Kümmel weg und ersetzen Sie das Schweinefleisch und den Weinbrand durch:

**Lamm und Calvados:** geben Sie Wacholderbeerenschrot, Pilze, Majoran und geriebene Äpfel dazu

**Hirsch und Amaretto:** fügen Sie getrocknete schwarze Johannisbeeren, Zimt, Orangenblüten und Haselnusssplitter hinzu

**Kaninchen und Cointreau:** verfeinern Sie mit Aprikosenstückchen, Sellerieraspeln, Vanillemark, abgeriebener Orangenschale und Petersilie

**Putenfleisch und Prosecco:** fügen Sie Basilikum, Parmesanwürfelchen, frischen Knoblauch und getrocknete Tomaten hinzu

**Gänsefleisch und Madeira:** ergänzen Sie Feigen, Walnusssplitter, abgeriebene Limettenschale und Thymian

**Rindfleisch und Rotwein:** zusätzlich kommen Chilischoten, Petersilienwurzel, Cayennepfeffer und rote Bohnen dazu

**Ente und Sherry:** geben Sie Backobst, geriebene Pastinake, Vanillemark und Thymian hinzu

### KÖSTLICHES RILLETTE

Haben Sie einmal Fleischreste, z.B. von Gänsebraten, Truthahn, Kaninchen, Rehbraten o.Ä. übrig, können Sie diese zu Rillette verarbeiten. Rillette ist ein feiner pastetenähnlicher Brotaufstrich aus Frankreich. So geht's:

- Fleischstücke und eventuell vorhandene Fett- und Hautstücke in Flomenschmalz (im Verhältnis Fleisch zu Flomen 1:1) und Gemüsebrühe kochen, bis das Fleisch ganz feinfaserig ist; nach Belieben Zutaten wie Gewürze, Kräuter, Zwiebeln, Äpfel, Backpflaumen oder Sherry dazugeben
- Masse in Gläser oder Steinguttöpfe füllen und erkalten lassen

Meat Butter aufs Brot – schmeckt immer lecker.

## MEAT BUTTER

*Feiner Brotaufstrich aus Resten*

500 g verschiedene Braten-, Schinken- und Kasselerreste, in ganz feine Streifen geschnitten
250 g Butter
4 EL Röstzwiebeln
2 EL Schmand, Frischkäse, Sahne oder Crème fraîche
je ½ TL brauner Zucker, Kräutersalz, Pfefferschrot und fein gehackte Petersilie

- Fleisch in 1 TL Butter anbraten, mit den Gewürzen und Schmand o.Ä. mischen, in Gläser einschichten
- Restliche Butter schmelzen, in die Gläser gießen und kalt stellen

## FLOMEN EST OMEN

*Flomenschmalz mit Äpfeln und Schalotten*

1 kg Schweineflomen, fein zerkleinert
2–3 säuerliche Äpfel, gerieben
2 Schalotten, fein gewürfelt
1 Knoblauchzehe, fein zerdrückt
1 TL Majoran
je 1 Msp. Macis, Pfefferschrot, gemahlenes Piment und Schabzigerklee

- Flomen mit 1–2 Eierbecher voll Wasser in einen Topf geben, bei niedriger Hitze auslassen (nicht braun werden lassen)
- Ausgelassenes Fett abgießen und beiseite stellen, Flomen im Topf lassen
- Äpfel, Schalotten, Knoblauch und Gewürze zum Flomen geben, 20 min sanft simmern lassen, immer wieder umrühren
- Mischung zum ausgelassenen Fett geben, gut umrühren, abfüllen und kalt stellen

## FEINE SAHNE-LEBERWURST

*Einer der beliebtesten Brotaufstriche*

400 g mageres Schweinefleisch
250 g Bauchspeck
200 g Schweineleber
1 Zwiebel
4 EL Sahne
je 1 EL Sherry und Nitritpökelsalz
je 1 TL Butter, Majoran und Honig
je 1 Msp. Macis, gemahlenes Piment, Kardamom, Senfsaat und gemahlener Ingwer
Salz und Pfeffer
*Sud:* 1 Glas Wasser, 1 TL gekörnte Brühe, 2 Nelken, 1 Lorbeerblatt

- Leber in der Butter andünsten, mit Sherry und Sahne ablöschen, 2 min köcheln, beiseite stellen
- Sud mischen, Fleisch und Speck darin weich kochen, herausnehmen, Sud aufbewahren
- Leber, Speck und gekochtes Fleisch wolfen
- Alle Zutaten inklusive Sud in einen Mixer geben und fein pürieren
- Abschmecken, in Gläser füllen und verschließen
- Bei 90 °C pro cm Glasdurchmesser 10 min einkochen

### FLEISCHWOLF SCHNELL GEREINIGT

So ersparen Sie sich viel unangenehme Spülarbeit: Nach dem Wolfen des Fleisches etwas trockenes Brot durchdrehen und eventuell mitverarbeiten oder etwas Pergamentpapier (Frühstücks- oder Backpapier) mitdrehen, dann erst den Fleischwolf abstellen. Ganz zum Schluss mit Spülwasser und Bürste von allen Resten befreien.

## FEINE LEBERMOUSSE MIT APFEL

*Erinnert ein bisschen an Berlin, ein bisschen an die Normandie*

400 g Leber, grob gewürfelt
100 g Butter
½ Becher Sahne
je 4 EL Zwiebelwürfel und geriebener Apfel
3 EL Calvados oder Pommeau
1 EL Apfelessig
½ Bund gerebelter Majoran
½ TL Nitritpökelsalz
etwas Pfeffer

- Leber in etwas Butter andünsten, Rest Butter separat schmelzen
- Zwiebel, Apfel und Majoran zur Leber geben, mit Calvados, Sahne und flüssiger Butter mischen
- Nitritpökelsalz und Pfeffer dazugeben, alles fein pürieren und vermengen
- In Gläser füllen und verschließen
- Pro cm Glasdurchmesser 6 min bei 85 °C einkochen

### NITRITPÖKELSALZ

Nitritpökelsalz reduziert die Keimzahl in Wurst oder eingelegtem Fleisch und erzeugt die appetitlich aussehende Rotfärbung. Allerdings können Nitrite durch Hitzeeinwirkung giftige Nitrosamine erzeugen, daher sollte nitrithaltige Ware nicht sehr heiß gebraten, gegrillt oder generell über 100 °C erhitzt werden. Sie können auch auf Nitritpökelsalz verzichten und stattdessen normales Salz nehmen. Eingelegtes Fleisch oder Wurst wird dann grau bleiben – sie sind so aber auch für die Kleinsten geeignet. Denn Kinder sollten die ersten Lebensjahre möglichst wenig Nitrithaltiges essen.

## PORTWEIN-LEBER-MOUSSE

*Edel verfeinert*

100 g Leber, zerkleinert
1 Eigelb
3 EL weiche Butter
je 2 EL Schalottenwürfelchen, Sojasauce und Sahne
1 TL Portwein
½ TL Nitritpökelsalz
je 1 Msp. Pfefferschrot, Thymian und Majoran

- Leber mit den Schalotten in der Butter andünsten, dann Portwein und Sahne dazugeben
- Alle Zutaten in einen Mixer geben und fein pürieren
- Abschmecken, durch ein Sieb streichen, in Gläser füllen und verschließen
- Pro cm Glasdurchmesser 6 min bei 90 °C kochen

*Eine tolle Variante: Leberwurst mit Backobst.*

## KALBSLEBER-AUFSTRICH

*Schmeckt auf Toast ebenso wie auf Schwarzbrot*

**BELEIDIGTE LEBERWURST**

Früher glaubten die Menschen, die Leber sei der Sitz der Gefühle im menschlichen Körper. Und wenn sich jemand in seinen Gefühlen verletzt fühlte, hatte er eine beleidigte Leber. Die Leberwurst, eine Kochwurstsorte, muss länger kochen als manch andere und man sagte, dass sie deswegen beleidigt sei.

je 350 g Kalbsleber und geräucherte Schweineschulter (Schäufele)
1 Zwiebel, in Ringen
⅛ l trockener Rotwein
4 EL Sahne
2 EL Schmand
je 1 TL Butter, Majoran und Honig
½ TL Nitritpökelsalz
1 Msp. Pfeffer
*Sud:* 2 Tassen Wasser, je 1 EL Essig und Zwiebelwürfel, 2 Nelken, 1 Lorbeerblatt

- Sud mischen, Schulter darin weich kochen, herausnehmen, etwas abkühlen lassen und grob würfeln
- Leber grob würfeln, mit den Zwiebelringen in der Butter andünsten
- Mit dem Rotwein ablöschen, 2 min köcheln, dann abkühlen lassen
- Sämtliche Zutaten in einen Mixer geben und fein pürieren, eventuell etwas Sud dazugeben, mit Salz und Pfeffer abschmecken
- Durch ein Sieb streichen, in Gläser füllen, verschließen
- Pro cm Glasdurchmesser 6 min bei 85 °C einkochen

**DAS SCHMECKT AUCH …**

Geben Sie Ihrem selbst gemachten Kalbsleber-Aufstrich eine besondere Note: Mischen Sie nach dem Pürieren z.B. unter (jeweils 1–2 EL): Preiselbeeren aus dem Glas, frisch gehackte Bärlauchblättchen, Schnittlauchröllchen oder Knoblauchwürfelchen, feine Spargel-, Trüffel- oder Backobststückchen, winzige Maronenstückchen, gekochte Schinkenwürfelchen, eingelegte grüne Pfefferkörner oder vor dem Pürieren 2–3 getrocknete Tomaten.

Chili für die Chili-Lyoner.

## CHILI-LYONER

*Stammt ursprünglich aus Frankreich*

500 g gemischtes Hack
je 200 g Schweinebacke und fetter Speck
200 g Milch
je 2 EL Zwiebelwürfel und Schlagsahne
1 EL Nitritpökelsalz
1 TL Backpulver
je 1 Msp. Koriander, Kardamom, Ingwer- und Paprikapulver edelsüß
Einlage: 4 EL rote Chiliwürfel

- Milch für 2 Stunden gefrieren
- Hack, Bauch und Backe ebenfalls anfrieren, zwei- bis dreimal wolfen
- Alle Zutaten, bis auf die Einlage, mischen und 5 min lang kräftig kneten, dann möglichst fein pürieren
- Einlage untermengen, abschmecken
- Erneut anfrieren, in Gläser füllen, verschließen
- Pro cm Glasdurchmesser 10 min bei 85 °C einkochen

### FEINE EINLAGEN

Nach dem Pürieren der Wurstmasse können Sie weitere Zutaten zugeben. Hier ein paar leckere Beispiele:

**Dragoner:** 4 EL Tomaten- und Paprikastückchen, 1 fein gehackte Knoblauchzehe und 1 TL grüne Pfefferkörner

**Funghi:** 10 Champignons aus der Dose, 2 EL gerebelte Petersilie und 1 Msp. Zitronenpfeffer

**Pizza:** je 2 EL feine Käse-, Schinken- und Paprikawürfel, je 1 Msp. Oregano und Thymian

**Wilde Hilde:** Hälfte des gemischten Hacks durch Hirsch- oder Wildschweinfleisch ersetzen, 2 zerdrückte Wacholderbeeren und 1 EL Preiselbeeren hinzufügen

**Winterblues:** 1 EL gehackte Haselnüsse, ½ TL abgeriebene Orangenschale und 4 fein geschnittene Backpflaumen

## SCHINKENWURST

*Brühwurst mit Schinkeneinlage*

500 g Schweinehack
je 200 g Schweinebauch und -backe
½ Becher Sahne
je 2 EL Sahne und Zwiebelpulver
1 EL Nitritpökelsalz
je 1 TL Backpulver, brauner Zucker, Ingwer, Koriander und Macis
Einlagen: 4 EL Schinkenwürfel, z.B. Kasseler,
1 EL grüne Pfefferkörner und
1 TL Senfsaat

- Sahne 2 Stunden ins Eisfach stellen
- Hack, Bauch und Backen anfrieren, zwei- bis dreimal wolfen
- Bis auf die Einlagen alle Zutaten mischen
- Masse 5 min lang kräftig kneten, möglichst fein pürieren
- Einlagen untermengen und abschmecken
- Erneut anfrieren, in Gläser füllen, verschließen
- Pro cm Glasdurchmesser 10 min bei 85 °C einkochen

## SALBEI-KNOBLAUCH-KOCHWURST

*Kochwurst à la Italia*

1 kg durchwachsenes Schweinefleisch, grob zerkleinert
2 Knoblauchzehen, fein gewürfelt
je 1 EL fein geschnittene Salbeiblättchen, Grappa und Nitritpökelsalz
je 1 TL Backpulver, Salz und Pfefferschrot
je 1 Msp. Muskat, gemahlenes Piment und Nelken

- Fleisch in etwas Wasser weich kochen, zwei- bis dreimal wolfen, alle Zutaten samt der Hälfte des Kochwassers mischen
- Masse in Gläser füllen, verschließen
- Pro cm Glasdurchmesser 10 min bei 85 °C einkochen

## GEKOCHTE KÄSEWURST

*Mit kleinen Käsestückchen verfeinert*

400 g mageres Schweinefleisch
je 300 g geräucherter Schweinbauch und gepökelte -schulter (Schäufele)
4 EL feine Käsewürfelchen
1 EL Nitritpökelsalz
je 1 Msp. weißer Pfeffer, Muskat, Koriander und Macis
Brühe

- Fleisch, Bauch und Schäufele mit Brühe bedeckt weich kochen, herausnehmen und wolfen
- Alle Zutaten (bis auf die Brühe und den Käse) mischen, eventuell ein wenig Brühe zugeben, damit der Wurstteig schön geschmeidig wird
- Käsewürfel untermischen
- Masse in Gläser füllen und verschließen
- Pro cm Glasdurchmesser 10 min bei 85 °C einkochen

## CURRYWURST IM GLAS

*Der Berliner Klassiker für den Vorrat*

1 Bratwurst
2–3 EL Ketchup (Rezept für selbst gemachtes Ketchup: Seite 56)
2 EL Zwiebelwürfel
1 TL Currypulver
Öl und Butter zum Anbraten

- Würste im Ganzen in Öl anbraten, klein schneiden und auf die Gläser verteilen
- Ketchup auf die Würste geben
- Im restlichen Fett plus etwas Butter die Zwiebeln kross anbraten
- Zwiebeln auf die Gläser verteilen, mit Currypulver bestreuen
- Gläser verschließen und pro cm Glasdurchmesser 10 min bei 82 °C einkochen

*Currywurst aus dem Glas – servierfertig.*

# Aus Flüssen, Seen und Meeren

*Fische und Meeresfrüchte, egal ob aus Süß- oder Salzwasser, können Sie wunderbar einmachen. Dies ist eine kulinarisch feine Alternative zum Einfrieren – und zum Angebot im Supermarkt. Wie wär's mit Muscheln in Currysauce oder Lachs in Knoblauchcreme?*

**FISCH EINLEGEN**

Eingelegte Bratheringe – lecker! Das Rezept für den Klassiker schlechthin finden Sie im Kapitel In Sud oder Öl: Pikant einlegen auf Seite 88. Weitere eingelegte Leckereien, wie geräucherte Forellen und Chili-Austern, machen ebenfalls Appetit.

Fische und Meeresfrüchte sind nicht nur lecker, sondern auch sehr gesund, da sie viel Jod und wichtige Omega-3-Fettsäuren enthalten – mehr als jedes andere Lebensmittel. Außerdem sind sie meist fettarm und eiweißreich. Zu den Meeresfrüchten zählen beispielsweise Hummer, Krebse, Muscheln, Garnelen, Krabben, Langusten und Tintenfische. Sie bekommen sie im Fischgeschäft oder an der Frischfischtheke großer Supermärkte. An Süßwasserfische, wie Lachsforelle, Karpfen oder Aal, kommen Sie als Angler kinderleicht, aber auch als Nichtangler, wenn alljährlich im Herbst in den Zuchtteichen Ab- und Ausfischen angesagt ist. Natürlich können Sie auch Tiefkühlware einkochen.

Es geht ganz einfach: Sie brauchen den rohen Fisch nur in ungefähr 2–4 cm große Stücke schneiden, in Gläser füllen und diese fest verschließen – so kochen Sie Natur pur ein. Oder geben Sie noch leicht gesalzenes abgekochtes Wasser und/oder einige Gewürze dazu, eine Sauce oder einen pikanten Sud. Kochen Sie die fest verschlossenen Gläser 5–7 min pro 1 cm Glasdurchmesser bei 100 °C ein.

*Fisch frisch eingelegt.*

## FISCHFILET IM SUD

*Grundrezept 1*

1,5 kg Fischfilet, z.B. Wels, Lachs, Hecht, Kabeljau, Forelle, in groben, 2–3 cm breiten Stücken
**Sud:** jeweils pro Glas 1–2 Tassen kochendes Wasser, 1 Lorbeerblatt, je 2–3 Nelken, Piment- und Pfefferkörner, 1 EL Zwiebelwürfel, je 1 TL gerebeltes Basilikum und Petersilie

- Alles in die Gläser füllen
- Gläser gut verschließen, 6 min pro cm Glasdurchmesser bei 100 °C einkochen

## FISCH ODER MEERESFRÜCHTE IN SAUCE

*Grundrezept 2*

1,5 kg Fischfiletstücke oder Meeresfrüchte, z.B. Lachs, Seelachs, Forelle, Hecht, Wels, Garnelen, Scampi, Muscheln
**Sud:** pro Glas 1–2 Tassen feine Sauce, z.B. Orangen-Senf-, Kapern-, Meerrettich-Apfel-Sauce oder Tomatencreme (Rezepte ab Seite 50)

- Alles in Gläser füllen (bis 2 cm unter den Rand) und gut verschließen
- Pro cm Glasdurchmesser 6 min bei 100 °C einkochen

## TOMATENLACHS

*Lecker auf frischem Baguette*

je 1 kg Lachsfilet und Kirschtomaten
**Sud:** 4 Tassen Wasser, 2 zerdrückte Knoblauchzehen, 1 Lorbeerblatt, je 1 Zweig Thymian und Oregano, 1 TL Kräutersalz

- Sud aufkochen, abkühlen lassen
- Fisch zerteilen und Tomaten halbieren, beides in Gläser schichten, mit Sud begießen
- Gläser gut verschließen, pro cm Glasdurchmesser 6 min bei 80 °C einkochen

## KNOFI-KRÄUTER-SEELACHS

*Für Knoblauch-Liebhaber*

8 Seelachsfilets, in Würfel geschnitten
4 EL gemischte grüne Kräuter
**Sud:** je ½ l Wasser und trockener Weißwein, je 2 zerdrückte Wacholderbeeren und Knoblauchzehen, je 1 EL Honig und Zwiebelwürfel, 1 TL Salz

- Sud kochen und auskühlen lassen
- Fisch mit den Kräutern mischen, in Gläser schichten
- Sud dazugeben, Gläser gut verschließen, pro cm Glasdurchmesser 6 min bei 80 °C einkochen

**DAS SCHMECKT AUCH ...**
Statt Knoblauch und Wacholderbeeren nehmen Sie entweder 1 TL gemahlenen Ingwer und 2 Orangenfilets oder 2 EL geriebene Birnen und 1 Beifußzweig oder aber je 1 TL Thymian und abgeriebene Zitronenschale. Statt Wein und Honig schmecken auch mal entweder je 1 TL Apfelsaft und Ahornsirup oder 1 Glas Schwarzbier und ½ TL Vanillezucker oder 2 EL Sherry und 1 EL Oregano.

## ASIA-GARNELEN

*Schnell und fein*

20 Riesengarnelen ohne Schale
**Sud:** ½ l Wasser, je 1 EL trockener Weißwein, Tomatenketchup, Sojasauce und Senf, je 1 TL Salz, Pfefferkörner, Curry und Ahornsirup

- Sud aufkochen und auskühlen lassen
- Garnelen in Gläser schichten, Sud dazugeben
- Gläser gut verschließen, pro cm Glasdurchmesser 5 min bei 75 °C einkochen

## SALMON CANDY

*Kanadische Spezialität, zu Ofenkartoffeln oder als Snack*

500 g frisches Lachsfilet, in kleinfingerdicke Streifen
**Beize:** 200 g Zucker, 100 g Ahornsirup, 80 g Salz, je 1 EL Malzextrakt und Liquid Smoke, je 2 TL Honig und Sojasauce, 1 TL Pfefferschrot

- Alle Zutaten der Beize gut vermischen, Fischstreifen 10–12 Stunden darin einlegen
- Beize abgießen, Fisch 1–2 Stunden abtropfen lassen
- Fischstreifen 6 Stunden bei 80 °C im Backofen trocknen, in einer Dose trocken und kühl aufbewahren

# Eingekochte Suppen, Fonds, Würzpasten und Saucen

*Fonds im Glas kennen viele aus dem Supermarkt. Auch diese können Sie für Ihren Vorrat selber machen. Und nun die Überraschung: Selbst Suppen und Saucen lassen sich in Gläsern einkochen und somit für eine längere Zeit haltbar machen.*

Suppen und Saucen, die Sie einkochen möchten, sollten Sie vorweg niemals mit Stärke oder Mehl andicken. Sie werden sonst leicht bitter. Machen Sie dies immer erst nach dem Öffnen des Glases, also kurz vor dem Genießen. Geben Sie sie aus dem Glas in einen Topf, erhitzen sie und binden sie auf Wunsch. Suppen können Sie noch mit etwas geschlagener Sahne und feinen Einlagen anreichern, beispielsweise mit gerösteten Kürbiskernen, Nüssen oder Pinienkernen, gebratenen Geflügelstreifchen, Speckwürfeln oder Bacon, frisch gehackten Kräutern, Flädle, Parmesannocken, Grießklößchen, mit Pesto oder Meerrettich verrührtem Schmand, Hackfleischbällchen oder Croutons. Lassen Sie Ihrer Fantasie freien Lauf!

Fonds und Würzpasten haben heute einen festen Platz in der Gourmetküche. Egal, ob von Fisch, Wild, Geflügel oder anderem Getier. Ihr konzentrierter Geschmack veredelt jedes Essen von Saucen bis Ragouts. Da können Fertigprodukte einfach nicht mithalten. Wie Sie Fonds kochen, lesen Sie ab Seite 47.

Im Sinne der Resteverwertung von wertvollen Zutaten sollten Sie auch einmal Würzpasten kochen. Denn was im Topf oder Bräter, auf dem Backblech oder in der Auflaufform zurückbleibt – wie Jus, Gewürze, Gemüse-, Geflügel-, Fleisch- oder Fischreste – können Sie noch weiterverarbeiten. Dazu die hochwertigen Reste einfach von Knochen, Gräten und anderen harten Teilen befreien, alles pürieren und durch ein Sieb streichen. Die dadurch gewonnene Paste sollten Sie dann entweder erneut aufkochen und heiß in fest verschließbare Gläser füllen oder aber die Masse abwiegen und mit einem Siebtel der abgewogenen Menge an Salz mischen. Damit ersparen Sie sich das zweite Kochen und erhalten eine sehr intensiv-salzige Würze, die sich im Kühlschrank aufbewahrt jahrelang hält.

**SPIEL MIT GEWÜRZEN**

Viele Rezepte, viele Zutaten – manchmal gar sehr exotisch? Lassen Sie Gewürze einfach weg, wenn Sie unsicher sind. Oder ersetzen Sie sie durch Ähnliches, was Sie mögen. Seien Sie ruhig mutig und kreativ!

*Reste zu einer Paste verarbeitet – würzige Grundlage ruckzuck gemacht.*

**EINKOCHEN BITTE OHNE EINLAGE**
Einlagen werden erst vor dem Servieren als besondere Schmankerl der Suppe zugegeben. Es bietet sich vieles an: Schlagsahne, Schmand, Crème fraîche, fein gehobeltes Gemüse wie Möhren und Sellerie, feine Streifchen von Paprika, Lauch, Schinken, geräuchertem Geflügel oder Fisch, fein geriebener Käse, hauchdünne Scheibchen von Champignons und Trüffel, Backerbsen, Croûtons, Flädle, Klößchen oder Eierstich (siehe Seite 44).

## GEMÜSECREMESUPPE

*Grundrezept*

600 g Gemüse nach Wunsch, grob geschnitten
800 ml Gemüsebrühe
je 2–3 Nelken, Piment- und Korianderkörner
1 Lorbeerblatt
1 EL Zitronensaft
je 1 TL Salz, Wacholderbeeren und Pfefferkörner
etwas Zucker und Muskat

- Gemüsestücke mit Brühe aufsetzen, Nelken, Pimentkörner, Koriander, Lorbeer, Wacholderbeeren und Pfeffer in einem Teesieb dazugeben
- Alles 20 min köcheln lassen, Gewürze entfernen
- Gemüse pürieren, mit Salz, Zitronensaft, Zucker und Muskat abschmecken
- Heiß in Gläser füllen, verschließen, bei 100 °C 30 min einkochen

## VIELERLEI VARIANTEN

*Die nachfolgenden Rezepte zubereiten wie das Grundrezept*

### Kürbiscremesüppchen

600 g Kürbisfleisch
je 400 ml Gemüsebrühe und Geflügelfond

> *Einlage:* je 2 EL Sahne, geröstete Kürbiskerne und geräucherte Entenbruststreifen

### Tomatensüppchen

400 g Tomaten
200 g Tomatenmark
600 ml Gemüsebrühe

> *Einlage:* je 2 EL Sahne (nach Wunsch mit ein paar Tropfen Sherry) und gehacktes Basilikum

### Erbsencremesüppchen

500 g TK-Erbsen
100 g Zwiebeln
1–2 große Kartoffeln
800 ml Gemüsebrühe

> *Einlage:* je 2 EL Sahne, Speck-Croutons und gehackte Petersilie

### Möhrencremesüppchen

400 g Möhren
je 100 g Zwiebeln und Kartoffeln
2 EL Ingwer, gerieben
600 ml Gemüsebrühe
200 ml Orangensaft

> *Einlage:* je 2 EL Knoblauch-Croutons, 1 TL geriebene Orangenschale, gemischte Kräuter und Schmand mit püriertem Räucherlachs

### Pilzcremesüppchen

450 g gemischte Waldpilze, Steinpilze oder Champignons
150 g Zwiebeln
700 g Gemüsebrühe
100 g Weißwein

> *Einlage:* je 2 EL Schmand, kross gebratener Frühstücksspeck in Streifchen, Röstzwiebeln und Schnittlauchröllchen

*Gemüsesuppe schmeckt oft auch Gemüsemuffeln.*

## KATERSUPPE

*Wenn die Nacht lang war, hilft diese Suppe am Tag darauf*

½ l Wasser
1–2 Brühwürfel
2 Eier
1 Bund Petersilie, fein gehackt
1 kleine Zwiebel, in Würfelchen
1–2 Schuss Tabasco
Salz und Pfeffer

- Wasser aufkochen, Brühwürfel darin auflösen
- Eier in einer Tasse aufschlagen und verrühren
- Alle Zutaten zur Suppe geben, mit Salz und Pfeffer abschmecken
- 10 min pro cm Glasdurchmesser bei 75 °C einkochen

## KRABBENSUPPE

*Ein Gruß von der nordischen Küste*

500 g Krabben ohne Schale
2 Würfel Krebsbutter
500 g mehlig kochende Kartoffeln, in Würfel
1 Bund Suppengrün, in Stücke geschnitten
je ½ l Gemüsebrühe und Fischfond
¼ l Weißwein
Saft und abgeriebene Schale ½ Limette
4 EL Kerbel, gehackt
2 EL Öl
1 TL Salz
1 Msp. Cayennepfeffer
**Einlage:** Schlagsahne, frische Krabben, etwas fein gehackte Petersilie

- Kartoffeln und Suppengrün in Öl andünsten
- Krebsbutter, Wein und Gemüsebrühe dazugeben, alles weich kochen, anschließend pürieren
- Fischfond, Kerbel, Limettensaft und -schale dazugeben, mit Salz und Cayennepfeffer abschmecken
- Krabben untermischen
- Suppe heiß in Gläser füllen, verschließen, bei 85 °C 30 min einkochen
- Zum Servieren erwärmen, pro Suppentasse 1 TL geschlagene Sahne und fein gehackte Petersilie sowie 1 EL frische Krabben untermischen

## HOCHZEITSSUPPE

*Eine traditionelle Festtagssuppe*

2,5 kg Beinscheiben vom Rind, Poularde oder Suppenhuhn
1 Bund Suppengrün, grob geschnitten
1 Zwiebel, grob zerteilt
1 Lorbeerblatt
2 Gewürznelken
4 EL gehackte Petersilie
je 1 TL Pfefferkörner und Wacholderbeeren
Salz
***Einlage:*** je 2 Handvoll vorgegarte Spargelköpfe, frisch gekochte Suppennudeln, fein geraspelte Möhren und Knollensellerie sowie sehr fein geschnittene Lauchringe, Cheddar-Klößchen und Eierstich (Rezepte siehe rechts)

- 4 l Wasser zum Kochen bringen
- Fleisch, Zwiebeln, Gewürze und Petersilie dazugeben, im offenen Topf 2 Stunden simmern lassen
- Fleisch herausnehmen, Brühe durch ein Tuch in einen sauberen Topf gießen, erneut 30 min köcheln
- Fleisch zerlegen, schöne fettfreie Stück klein schneiden, in die Suppe legen
- Einlagen dazugeben, salzen
- Suppe in Gläser füllen, verschließen, bei 95 °C 30 min einkochen

## EIERSTICH

*Feine Einlage 1: Der Klassiker*

2 Eier
125 ml Milch
Salz
1 Msp. Muskat
1 Klacks weiche Butter zum Ausfetten

- Eier, Milch, Salz und Muskat verrühren
- Ein Gefäß mit Butter fetten, Masse eingießen und abdecken
- Gefäß in kochendes Wasser stellen (Wasserhöhe maximal 2/3 der Gefäßhöhe)
- Bei milder Hitze 20 min stocken lassen
- Masse stürzen und klein schneiden

### SCHNELL UND SAUBER: EIERSTICH AUS DER TÜTE

4 Eier
eventuell je 1 EL Schmand, frisch gehackte grüne Kräuter und Butter
eventuell je 1/2 TL Salz, Sojasauce und Senf
eventuell je 1 Msp. Muskat, Curry und Pfeffer

- Eier pur oder mit allen weiteren Zutaten in eine kleine Plastiktüte füllen, gut zuknoten, gründlich durchschütteln
- Tüte pro Ei 5 min (pur) – 8 min (mit weiteren Zutaten) in leicht kochendes Wasser legen
- Eierstich aus der Tüte lösen, klein schneiden

*Käse-Klößchen lassen sich nicht immer ganz leicht in Form bringen …*

## CHEDDAR-KLÖSSCHEN

*Feine Einlage 2: Mit würzigem Käsearoma*

200 ml Milch
60 g Grieß
30 g Butter
1 Ei
2 EL fein geriebener Cheddarkäse
je 1 TL Salz und frische fein gehackte Petersilie
1 Msp. Muskat und Pfeffer

- Aus Milch, Butter, Salz und Grieß einen Brei kochen, abkühlen lassen
- Erst das Ei, dann die restlichen Zutaten untermischen
- Kleine Kugeln (Durchmesser etwa 1 cm) formen; 1 Stunde kalt stellen
- Kugeln in simmerndem Wasser ziehen lassen; sie sind gar, wenn sie nach oben steigen
- Mit der Schaumkelle herausheben, kurz abtropfen lassen, in die Suppe geben

**MIT TRADITION: HOCHZEITSSUPPE**

Die auf Basis einer Fleischbrühe gekochte, klare Suppe wird regional unterschiedlich zubereitet, doch sie ist deutschlandweit beliebt. Ihren Namen verdankt sie der Tradition, als Auftakt des feierlichen Hochzeitsmenüs gereicht zu werden. Ebenfalls überliefert ist der Brauch, dass das Brautpaar die Suppe gemeinsam aus einem Teller essen muss – als Zeichen der Verbundenheit. Sie müssen im wahrsten Sinne die Suppe, die sie sich eingebrockt haben, gemeinsam auslöffeln. Die Einlagen sind vielfältig, und von Fleischklößchen über Rosinen bis Spargel ist alles erlaubt. Türkische und westfälische Hochzeitssuppe wird mit Rinderbrühe und gekochtem Rindfleisch zubereitet. In Bayern liebt man Leberknödeln als Einlage, in Baden und Schwaben Brätspätzle, Backerbsen, Butter-, Mark- oder Grießklößchen, Maultaschen oder Flädlestreifen. In Wien isst man sie mit Schöberln (den Backerbsen ähnlich). In der Altmark gehören Hühnchenfleisch, Eierstich und kleine Markklößchen hinein. In und um Hamburg wird sie ebenfalls mit Rinderbrühe gekocht, dazu gehören Lauchringe, Petersilienwurzel- und Selleriestreifen.

## GRUNDREZEPT: FLEISCHFOND

*Basisfond für Suppen und Saucen*

2 kg entweder klein gehackte Knochen und Haxen, nach Wunsch von Schwein, Rind, Lamm oder Haarwild (wie Wildschwein, Reh, Hirsch) oder 1 Stück Geflügel (wie Huhn oder Pute) oder Federwild (z.B. Fasan)
je 2 Handvoll Möhren-, Zwiebel-, Tomaten- und Knollenselleriestückchen, Lauchröllchen und Pilzscheibchen
2 Knoblauchzehen
¼ l Weißwein (für Geflügel oder Schwein) oder Rotwein (für alle anderen Fleischsorten)
2–3 l Wasser
1 Bouquet garni (siehe S. 24)
1 EL Butterschmalz
für dunkles Fleisch ***zusätzlich:***
½ Orange
je 2–3 Salbeiblättchen, schwarze Pfeffer- und Pimentkörner, Wacholderbeeren
für helles Fleisch ***zusätzlich:***
½ Zitrone
2–3 Zweige Estragon
je 2–3 Nelken, weiße Pfeffer- und Korianderkörner

- Backofen auf 220 °C stellen, Knochen und Haxen oder Geflügel ohne Fett auf einem Backblech rösten, bis alle Teile hellbraun sind
- Gemüse mit Butterschmalz in einem ofenfesten Topf anrösten, Knochen, Fleisch o.Ä. dazugeben
- Mit Wasser und Wein ablöschen, Gewürze in einem Sieb oder Beutel dazugeben
- Zugedeckt für 2–3 Stunden in den Ofen stellen, dabei hin und wieder abschäumen (je häufiger, desto klarer später der Fond)
- Flüssigkeit durch ein mit einem Tuch ausgelegtes Sieb gießen und auffangen
- Kalt werden lassen, feste Fettschicht abnehmen
- Fond nochmals aufkochen, in Flaschen abfüllen, fest verschließen, eventuell bei 90 °C 60 min lang einkochen

**DAS SCHMECKT AUCH ...**

Für Gemüsefond ersetzen Sie das Fleisch einfach durch Suppengemüse, also Möhren, Sellerie, Lauch und Petersilienwurzel. Die weitere im Fleischfond-Rezept genannte Gemüsemenge kommt zusätzlich dazu.

*Zwiebeln schneiden – mal anders ...*

## FISCHFOND

*Hell und aromatisch*

1 kg Fisch (Fleisch und Gräten), z.B. Forelle, Lachs, Karpfen, Hecht oder Seelachs (besonders lecker: Weißfischsorten wie Barbe, Brasse, Moderlieschen oder Elritze)
je 1 Handvoll grob gehackte Zwiebeln, Knollensellerie, Petersilienwurzel, Fenchelknolle und Lauch
1–2 Gläser Weißwein (etwa ¼ l)
4 Thymianzweige
10 Wacholderbeeren
je 2 Lorbeerblätter und Nelken
2 EL Olivenöl

- Alle Zutaten in Olivenöl andünsten, mit Wasser auffüllen, bis alles bedeckt ist
- Zum Kochen bringen und 20 min zugedeckt simmern lassen, dabei hin und wieder abschäumen (je häufiger, desto klarer später der Fond)
- Flüssigkeit durch ein mit einem Tuch ausgelegtes Sieb gießen und auffangen
- Fond nochmals aufkochen
- Zum Einkochen in Flaschen abfüllen, verschließen, bei 90 °C 60 min sterilisieren

## FLEISCHBRÜHKONZENTRAT

*Wie von Muttern gemacht*

500 g Markknochen
300 g Suppenfleisch oder Hackfleisch
2–3 Bund Suppengemüse (Lauch, Knollensellerie, Möhren, Petersilie und Petersilienwurzel), grob zerkleinert
3–4 Stängel Liebstöckel
je 1–2 EL Malzextrakt und Hefe (als Flocken, Extrakt oder Paste)
je 1 TL Pfeffer- und Pimentkörner sowie abgeriebene Zitronenschale
je ½ TL Muskat, Kurkuma, Paprika edelsüß und rosenscharf, Schabzigerklee
Salz

- Knochen, Fleisch, Kräuter und Gemüse mit Wasser bedecken, 30 min kochen
- Feste Bestandteile aus der Brühe schöpfen, Rest durchsieben, Brühe dabei auffangen und anderweitig verwenden (z.B. als Fond, dazu heiß in Flaschen füllen, fest verschließen, 45 min bei 100 °C einkochen)
- Knochen auslösen, die Masse über Nacht abtropfen lassen
- Die Fleisch-Gemüse-Mischung pürieren, mit Malzextrakt und Hefeflocken mischen
- Masse abwiegen, 20 % des Gewichts an Salz zugeben, nochmals aufkochen
- Heiß in Gläser füllen, gut verschließen
- Angebrochene Gläser im Kühlschrank lagern, sie halten mindestens 6 Monate

**DAS SCHMECKT AUCH …**

Wenn Sie die Brühe etwa 4–5 Stunden weiter einkochen, wird daraus ein sehr intensiver und monatelang haltbarer Fleisch-„Sirup“, der eine wunderbare Würze ist für Saucen, Ragouts, Currys und vieles mehr. Diesen heiß in Flaschen abfüllen und sofort gut verschließen. Auf den Kopf stellen, auskühlen lassen.

*Tomaten für die Tomatensauce.*

## TOMATENSAUCE FÜR DEN VORRAT

*Der Klassiker zu Nudeln*

500 g Fleischtomaten
200 g Tomatenmark (gern selbst gemacht, siehe Rezept Seite 57)
1 Handvoll Zwiebelwürfel
2 Knoblauchzehen
je 1 EL Olivenöl und Zucker
1 Lorbeerblatt
je 1 TL Oregano, Basilikum und Thymian
je ½ TL Salz und Pfeffer

- Tomaten in Öl andünsten, alle weiteren Zutaten dazugeben, 15 min köcheln lassen
- Pürieren, durch ein Sieb streichen
- Masse noch einmal aufkochen, heiß abfüllen, verschließen

### NOCH LÄNGER HALTBAR

Gekocht und ganz heiß abgefüllt sind viele Saucen durch die konservierende Wirkung der Salz-, Zucker- und Gewürzzugaben ungeöffnet wochenlang oder sogar monatelang haltbar. Wenn Sie die Saucen länger, also 12 Wochen und mehr, haltbar machen wollen, sollten Sie sie einfach zusätzlich einkochen: pro 1 cm Glasdurchmesser 3–4 min bei 75 °C. Geöffnet bitte im Kühlschrank aufbewahren und innerhalb von vier Wochen verbrauchen.

## SAUCE BOLOGNESE

*Eine der beliebtesten Pastasaucen, auch lecker in Lasagne*

500 g gemischtes Hackfleisch
1 Zwiebel, sehr fein gewürfelt
1–2 Knoblauchzehen, zerdrückt
je 1 Handvoll Basilikumblättchen, Möhren- und Selleriestückchen, sehr fein gewürfelt
1 Dose geschälte Tomaten
je 1 EL Olivenöl und Zucker
je 1 TL Oregano und Thymian
1 Lorbeerblatt
je ½ TL Salz und Pfeffer
je 1 Msp. gemahlenes Piment, Paprika edelsüß und rosenscharf

- Olivenöl im Topf erwärmen, Hackfleisch und Zwiebelwürfel darin andünsten
- Restliche Zutaten dazugeben, 45 min sanft köcheln lassen
- Lorbeerblatt herausnehmen, Sauce heiß in Schraubgläser füllen, verschließen

## TOMATENCREME

*Pikant würzige Sauce*

200 g Tomaten, in Würfel
1 rote Paprikaschote, in Streifen
1 Knoblauchzehe, zerdrückt
1 Tasse Gemüsebrühe
je 1 Zweig Thymian und Rosmarin
je 2 EL Olivenöl, Zwiebelwürfelchen, Basilikum, Salbei und Oregano
je ½ TL Salz und Pfeffer
je 1 Msp. Schabzigerklee und Curry

- Öl erhitzen, Tomaten, Paprika, Knoblauch und Zwiebeln andünsten, mit der Brühe ablöschen
- Alle weitere Zutaten dazugeben, 15 min köcheln lassen, sehr fein pürieren
- In Gläser gießen, verschließen, bei 100 °C 30 min einkochen

**DAS SCHMECKT AUCH …**
Ersetzen Sie die Paprikaschote durch Steinpilze und Basilikum, Salbei und Oregano durch Nelken, Muskat und Pimentkörner – fertig ist eine feine Steinpilzcreme.

## HERZHAFTE GEMÜSE- ODER OBSTSAUCE

*Grundrezept*

500 g Gemüse nach Wahl, z.B. Spargel, Zwiebeln, Pilze, Lauch, Möhren, Kürbis, bzw. Obst, z.B. Äpfel, Orangen, Mandarinen, Pflaumen, Pfirsiche, Beeren, Feigen, Birnen u. Ä., einzeln oder auch gemischt
ca. 300 ml Fond (je nachdem, wozu die Sauce gereicht wird: Fischfond zu Fisch, Lammfond zu Lamm etc., siehe auch ab Seite 47)
4 EL Sahne oder Schmand
2 EL Weißwein oder Zitronen- bzw. Orangensaft
1 EL Butter
Salz und Pfeffer
eventuell 2 EL fein gehackte glatte Petersilie
eventuell 1 Msp. Senf, Muskat, gemahlenes Piment, Zucker, Safran, Ingwer, Zimt oder Curry

- Gemüse bzw. Obst in der Butter andünsten
- Alle weiteren Zutaten dazugeben, 20 min kochen
- Pürieren und abschmecken, heiß abfüllen, verschließen

**SAUCEN FÜR DEN NACHTISCH**
Nehmen Sie nur Obst als Grundlage, ersetzen Sie den Fond durch süße Säfte und lassen Sie die stark aromatisierenden oder scharfen Gewürze, wie Salz, Pfeffer, Curry, Senf, Pimentkörner und Petersilie, weg – schon zaubern Sie feine Dessertsaucen. Als Gewürze passen Anis, Zimt, Vanille, Nelken, Melisse und Minze, ebenso feine Blüten. Weiteres Aroma und Süße bringen Honig oder Ahornsirup.

*Sauscharfe Sauce …*

## SAUSCHARF-SAUCE

*Resteverwertung mit Feuer für den Gaumen*

2 kleine Äpfel
4 Pflaumen
je 1 rote Zwiebel, Knoblauchzehe, Möhre, Tomate und grüne Chilischote
3 kleine gelbe Chilischoten, eventuell Kerne entfernt
1 daumenlanges Stück Ingwer
Saft und abgeriebene Schale von 1 Zitrone
Saft, Fleisch und Schale von 1 Orange
1 Becher (ca. 200 ml) Tomatensaft
je 1 EL Honig, Erdnussbutter und Sherry sowie Madras-, Vindaloo- und Korma-Curry
je ½ TL Kräutersalz, Vanillezucker und Pfefferschrot
je 1 Msp. gemahlenes Piment, Macis, Kardamom, Koriander, Nelken und Senfsaat

- Obst und Gemüse im Mixer zerkleinern
- Restliche Zutaten dazugeben, alles fein pürieren
- Masse in einem Topf wie Marmelade kochen, 2 min blubbernd kochen lassen (Achtung, es spritzt, daher bitte mit Deckel und langen Ärmeln arbeiten)
- Sauce randvoll in Schraubgläser füllen, zudrehen, auf den Kopf stellen, auskühlen lassen

## ORANGEN-SENF-SAUCE

*Lecker zu Geflügel, Reis, Nudeln und hellem Gemüse*

je 100 g Zwiebeln, Möhren, Petersilienwurzel und Orangenfleisch, alles grob zerkleinert
je ½ Tasse Weißwein, Orangensaft und Gemüsebrühe
je 1 EL Öl und Estragonblättchen
je 1 TL Honig, Curry, Sojasauce und abgeriebene Orangenschale
je 1 Msp. Senfsaat, Salz und Pfeffer

- Öl in einer Pfanne erhitzen, Gemüse andünsten, mit Wein und Brühe aufgießen
- Restliche Zutaten dazugeben, 15 min köcheln lassen, sehr fein pürieren
- In Gläser gießen, verschließen, bei 100 °C 30 min einkochen

**DAS SCHMECKT AUCH …**

Wenn Sie statt Estragon Thymian und statt Orangenschale und -saft Limette nehmen, wird daraus eine Thymian-Limetten-Sauce.

## KAPERNSAUCE

*Passt toll zu Fisch aller Art*

je 100 g Zwiebeln, Petersilienwurzel, Spargel und Champignons, alles grob zerkleinert
je ½ Tasse Wein und Gemüsebrühe
3 EL Kapern (abgetropft)
je 1 EL Öl und gehackte glatte Petersilie
Saft und abgeriebene Schale von ½ Zitrone
1 TL Honig
je 1 Msp. Salz und Pfeffer

- Öl in einer Pfanne erhitzen, Gemüse andünsten, mit Wein und Brühe aufgießen
- Die Hälfte der Kapern und alle anderen Zutaten dazugeben, 15 min köcheln lassen, sehr fein pürieren, restliche Kapern hinzufügen
- In Gläser geben, verschließen, bei 100 °C 30 min einkochen

**DAS SCHMECKT AUCH ...**

Ersetzen Sie die Kapern durch Möhrchen und geben Sie 1 TL Curry dazu – fertig ist die Currysauce.

## MEERRETTICH-APFEL-SAUCE

*Mit Toast und Preiselbeeren*

je 100 g Apfelspalten, Suppengemüse, Zwiebelwürfel und geriebener Meerrettich
1 Tasse Gemüsebrühe
je 1 EL Olivenöl und Zitronensaft
je 1 TL Senf, Kräutersalz und Pfefferschrot
je 1 Spritzer Worcestershire-Sauce und Sherry

- Öl erhitzen, Apfel und Suppengemüse, Zwiebeln und Meerrettich darin andünsten, mit Brühe ablöschen
- Alle weitere Zutaten dazugeben, 15 min köcheln lassen, pürieren
- In Gläser füllen, verschließen, bei 100 °C 30 min einkochen

## CHINASAUCE

*Asiatisch gut zu Reis und Huhn und vielem mehr*

2 Knoblauchzehen
1 daumengroßes Stück Ingwer, gerieben
je 2 rote Chilischoten und Frühlingszwiebeln, winzig klein geschnitten
je 2 EL frische Sojasprossen, Sesamsaat, brauner Zucker, Olivenöl, Sake, Essig, Sojasauce, Ketchup und Erdnussbutter
je 1 Tasse Ananassaft und Wasser
1 Msp. Salz
1 EL Stärke

- Alle Zutaten, bis auf die Stärke, aufkochen
- Stärke in etwas Wasser anrühren, unter die Masse mischen, nochmals kurz aufkochen
- Abfüllen, kalt stellen

Erdnussbutter schmeckt nicht nur in der Chinasauce lecker …

## SATÉSAUCE

*Mit leckerem Erdnussgeschmack*

1 Dose Erdnüsse (gesalzen und ohne Fett geröstet)
400 ml Kokosmilch
4 EL Sojasauce
je 2 EL Erdnussöl, Schalottenwürfelchen und rote Currypaste
je 1 EL Limettensaft und brauner Zucker
1 Msp. Cayennepfeffer

- Eine Hälfte der Nüsse sehr fein hacken, die andere pürieren
- Schalotten in Öl andünsten, mit Kokosmilch ablöschen, 5 min köcheln lassen
- Alle weiteren Zutaten hinzugeben und abschmecken
- Abfüllen, kalt stellen

**DAS SCHMECKT AUCH …**

„Saté very hot“: Für einen scharfen Brotaufstrich nehmen Sie einfach die halbe Menge Kokosmilch.

# Chutneys, Ketchup, Senf und mehr

*Ob als pikante Zugabe zu kalten oder warmen Fleischgerichten, als feine Würze in Saucen oder einfach nur als leckerer Brotaufstrich – mit diesen Chutneys, Saucen und Pasten können Sie immer punkten! Auch als selbst gemachtes Mitbringsel unschlagbar.*

Chutney oder Relish? Diese beiden Begriffe gegeneinander abzugrenzen ist nicht einfach, da sie sich recht ähnlich sind. Beides sind würzige, meist süßsaure, auch mal scharfe, aber immer pikante Saucen. Sie entstehen aus Früchten, Beeren und Gemüse und werden mit Zucker, Essig und vielerlei Gewürzen abgeschmeckt. Ein Chutney ist eher von musartiger Konsistenz und wird auch warm gereicht, ein Relish hingegen enthält meist Stückchen und wird kalt gegessen. Beide haben die wunderbare kulinarische Allianz gemeinsam, die sie mit Schinken, Braten und Wurst eingehen. Alle nachstehenden Mischungen können Sie stückig als Relish oder in pürierter Form als Chutney zubereiten.

Auch leckere Senfmischungen, die neuen Lieblinge an den Gourmettheken und eine besondere Leckerei mit Käse u.Ä., können Sie ganz einfach selbst mischen. Egal ob Dattel- oder Feigensenf, in diesem Kapitel finden Sie Anregungen.

*Chutneys passen zu fast allem.*

## BIRNEN-CHUTNEY

*Zu Fleischgerichten und Käse*

je 2 große Birnen und rote Zwiebeln, gewürfelt
1 rote Chilischote, klein gehackt
3 Nelken
3 EL Essig
1 EL Olivenöl
je 1 TL Honig und Curry
1 Prise Salz
je 1 Msp. Zimt und Pfeffer

- Birnen- und Zwiebelwürfel zusammen mit dem Chili im Öl andünsten
- Restliche Zutaten dazugeben, 25 min sanft köcheln lassen, zwischendurch auf Wunsch pürieren
- Heiß in Gläser füllen, verschließen und kopfüber stellen, bis sie erkaltet sind

**DAS SCHMECKT AUCH ...**
Statt Birnen können Sie Rhabarber oder Honigmelone nehmen – das ist ebenso lecker!

## PFLAUMEN-CHUTNEY

*Zu Fleisch, Leberkäse oder Käse*

je 2 Handvoll vollreife Pflaumen, entsteint und halbiert, sowie rote Zwiebelwürfel
3 EL dunkler Essig
1 EL Olivenöl
je 1 TL Honig, Zwiebelsamen (aus dem Asia-Laden) und Malzextrakt
je 1 Msp. Zimt und Nelken
Salz und Pfeffer

- Pflaumen, Zwiebeln und Gewürze mischen und im Öl andünsten, restliche Zutaten dazugeben
- 20 min sanft köcheln lassen
- Auf Wunsch pürieren (für ein Chutney) oder stückig lassen (Relish)
- Heiß in Gläser abfüllen, verschließen, kopfüber stellen und erkalten lassen

**DAS HILFT GEGEN OBSTFLIEGEN**

Je 50 ml Wasser und Essig in einem Glas mischen, dazu je 1 Schuss Spülmittel und Fruchtsaft geben, Mischung in der Nähe des Obstes aufstellen.

## APFEL-CHUTNEY

*Edel zu Wild-, Geflügel- und Rindswürsten und Braten*

2 Äpfel, in Spalten
1 große Zwiebel, gewürfelt
Fruchtfleisch, Schale und Saft von 1 Orange
3 EL brauner Zucker
je 2–3 EL Balsamico-Essig und Gemüsebrühe
2 EL frische Preiselbeeren
je 1 EL Traubenkernöl und Vanillepaste oder Zucker
je 1 Msp. Macis, Kardamom, Nelken und Zimt
Salz und Pfeffer
Kerne von 2 Granatäpfeln

- Öl in einem Topf erhitzen, Zwiebeln andünsten, Obst und Saft dazugeben, braunen Zucker darüberstreuen
- Mit Essig und Brühe ablöschen, alle Gewürze dazugeben, mit Salz und Pfeffer abschmecken, 20 min köcheln lassen
- Pürieren (Chutney) oder stückig lassen (Relish)
- Granatapfelkerne untermischen, 15 min weiter köcheln lassen
- Heiß abfüllen, Gläser verschließen, kopfüber stellen und erkalten lassen

## MIRABELLEN-CHUTNEY

*Schmeckt nach indischer Küche*

1 kg entsteinte Mirabellen
1 Mango oder 1 EL Mangopulver
1 große Zwiebel
1 daumengroßes Stück Ingwer
4 Knoblauchzehen
200 g brauner Zucker
300 ml Himbeeressig
½ Glas trockener Weißwein
2 EL Malzextrakt
1 EL Öl
je 1 TL Salz und Zimt
je ½ TL Kumin, Pimentkörner, Kardamom und Chilipulver
1 Msp. Pfeffer

- Öl in einem Topf erhitzen, Obst und Gemüse andünsten
- Alle weiteren Zutaten untermischen
- Mit Salz und Pfeffer abschmecken
- 25 min köcheln lassen, auf Wunsch zwischendurch pürieren
- Heiß in Gläser füllen, verschließen, kopfüber stellen und erkalten lassen

## FEIGENSENF

*Tolle Ergänzung auf einer bunten Käseplatte*

200 g frische Feigen, in Würfel
je 4 EL Schalottenwürfelchen, dunkler Essig (z.B. Balsamico-, Rotwein- oder Beerenessig) und mittelscharfer Senf
je 1 EL Öl, brauner Zucker und Senfsaat
je 1 TL Salz, abgeriebene Orangenschale, Orangenmarmelade und fein geriebener Ingwer

- Feigen mit den Schalotten in Öl andünsten, Zucker dazugeben und karamellisieren lassen
- Essig hinzufügen, 10 min kochen
- Restliche Zutaten dazurühren, eventuell mit Senf und Süße nachwürzen
- Heiß abfüllen und kalt stellen

**DAS SCHMECKT AUCH ...**
Eine mitgekochte Lavendelblüte fügt eine sehr dezente und feine Extranote hinzu.

## DATTELSENF

*Schmeckt zu Fleisch, Fisch, Eiern und Käse*

150 g getrocknete Datteln
je 150 ml feiner Beerensirup und Wasser
6 EL mittelscharfer Senf
je 1 EL Schalottenwürfelchen, abgeriebene Zitronenschale und Balsamico-Essig

- Alle Zutaten im Mixer pürieren
- 10 min im Topf kochen, eventuell mit Senf und Süße nachwürzen
- Heiß abfüllen und kalt stellen

**DAS SCHMECKT AUCH ...**
Das Dattelsenf-Rezept lässt sich mit jedem Obst der Welt abwandeln. Und es müssen auch keine Trockenfrüchte sein – natürlich können Sie Senf auch mit frischer Ware direkt von der Theke oder vom Markt machen. Dann lassen Sie einfach das Wasser im Rezept weg und zuckern etwas nach.

## KETCHUP

*Sollte man immer im Kühlschrank haben*

500 g Tomaten
je 2 Knoblauchzehen und Schalotten, grob zerteilt
1 Bund Schnittlauch, klein gehackt
je 5 Stängel Thymian und glatte Petersilie, klein gehackt
je 2 EL Balsamico-Essig, Worcestershire-Sauce, Tomatenmark und brauner Zucker
je 1 EL Zitronensaft und Pfefferkörner
je 1 TL Salz, Stärke, Currypulver, Schabzigerklee, Oregano, Paprika edelsüß und rosenscharf
1 Spritzer Tabasco

- Alle Zutaten in einen Topf geben und mit dem Zauberstab sehr fein pürieren
- Masse durch ein Sieb streichen, dann in einem Topf erhitzen und 3–4 min sprudelnd kochen lassen
- In mit abgekochtem Wasser und eventuell Schnaps o.Ä. ausgespülte Flaschen geben, randvoll auffüllen
- Zudrehen und sofort auf den Kopf stellen, erkalten lassen

*Dattelsenf – eine feine Delikatesse.*

## TOMATENMARK

*Aus 1 kg frischen Tomaten entsteht etwa 250 g Mark*

2 kg vollreife Tomaten

- Tomaten mit etwas Wasser weich kochen
- Masse durch ein Sieb ablaufen lassen, Tomatensaft anderweitig verwenden (für Saft oder Suppe)
- Tomatenstücke pürieren, durch ein Sieb streichen
- Tomatenmasse wieder in den Topf zurückgeben, 1–2 Stunden auf kleinster Hitze eindicken, dabei immer wieder umrühren
- In kleine Gläser abfüllen, verschließen, kopfüber stellen, auskühlen lassen

## RAHMMEERRETTICH

*Schmeckt besonders gut zu Fisch*

1 Becher Schlagsahne, geschlagen
3–4 EL frisch geriebener Meerrettich
1 TL Zitronensaft
je 1 Msp. Salz und Cayennepfeffer

- Alle Zutaten mischen
- Abfüllen und kalt stellen

**DAS SCHMECKT AUCH …**

Für die kalorienärmere Variante nehmen Sie statt Sahne Joghurt.

## GREMOLATA

*Italienischer Klassiker aus der Lombardei*

2 Knoblauchzehen, zerdrückt
1 Bund Petersilie, fein gehackt
abgeriebene Schale von je 1 Orange und Zitrone
1–2 EL Olivenöl

- Alle Zutaten mischen
- In ein Schraubdeckelglas füllen, gut verschließen, kalt stellen

# Fermentierte Pasten

*Diese Pasten sind wahre Alleskönner! Sie passen zu fast allem: aufs Brot, zu würzigen Käsesorten und feinen Schinken, zu Kartoffeln und Gemüse aller Art, in besondere Saucen ebenso wie als kulinarischer Pfiff in Suppen, Ragouts und vielem mehr.*

*Fermentierte Pasten – ein Hochgenuss.*

Das Geheimnis dieser Pasten ist das Fermentieren: Einige Stunden Wärme und die Zutaten entwickeln ihren wahren Geschmack. Die Pasten brauchen nicht einmal gekocht werden. Im Kühlschrank aufbewahrt, halten sie gut verschlossen wochenlang. Bestimmen Sie selbst Würze und Schärfegrad und jonglieren Sie mit den Zutaten nach Lust und Laune.

## TOMATENPASTE

*Geht schnell und einfach*

500 g getrocknete Tomaten (in Öl), abgetropft
4 EL Öl aus dem Tomatenglas
je 4 EL Worcestershire-Sauce, Honig und Apfelessig
2 TL Salz
1 Tasse stilles Mineralwasser

- Tomaten und Öl pürieren, restliche Zutaten hinzufügen
- 12–24 Stunden luftig abgedeckt warm stellen (z.B. auf oder an die Heizung)
- In Gläser füllen und luftdicht verschließen, vor dem Verzehr 2 Tage durchziehen lassen, kühl aufbewahren

## CHILIPASTE

*Feurig scharf*

4 Tomaten, in groben Stücken
1 kleiner Apfel, in Stücken
je 2 rote Chilischoten und Knoblauchzehen
Saft von 1 Limette
je 2 EL Apfelessig, Molke, Honig, Orangensaft und fein geriebener Ingwer
je 1 TL abgeriebene Orangen- und Limettenschale
je ½ TL Salz, Kreuzkümmel, gerösteter Sesam und Pfefferkörner
1 Msp. gemahlener Koriander

- Alle Zutaten pürieren
- 12–24 Stunden luftig abgedeckt warm stellen (z.B. auf oder an die Heizung)
- Masse in Gläser füllen und luftdicht verschließen, vor dem Verzehr 2 Tage durchziehen lassen, kühl aufbewahren

## CURRYPASTE

*Für authentischen Asia-Genuss*

1 gelbe Chilischote
4 Knoblauchzehen
1 Stück Ingwer, ½ Daumen groß (oder noch besser: Galgant)
1 Stängel Zitronengras
Saft und abgeriebene Schale von ½ Limette
2 EL Kokosmilch
je 1 EL Sojasauce und Sardellenpaste
je 1 TL Currypulver und brauner Zucker

- Alles zusammen pürieren
- 12–24 Stunden luftig abgedeckt warm stellen (z.B. auf oder an die Heizung)
- In Gläser füllen und luftdicht verschließen, vor dem Verzehr 2 Tage durchziehen lassen, kühl aufbewahren

## DUKKAPASTE

*Afrikanische Mandelpaste*

2 Handvoll geschälte Mandeln, zerstoßen
je 2 EL Kokosflocken, Koriander, Kreuzkümmel, abgeriebene Orangenschale und Sesamsaat
je ½ TL Salz und Pfefferschrot

- Alle Zutaten in einer Pfanne ohne Zugabe von Fett anrösten, abkühlen lassen
- Im Mixer zu einer feinen Paste zermahlen
- 12–24 Stunden luftig abgedeckt warm stellen (z.B. auf oder an die Heizung)
- In Gläser abfüllen, vor dem Verzehr 2 Tage durchziehen lassen, kühl aufbewahren

## HARISSAPASTE

*Orientalische Gewürzpaste*

je 2 rote Chilis und Knoblauchzehen
6 EL Olivenöl
je 1 TL Salz, Kreuzkümmel und Koriander

- Alles zusammen pürieren
- 12–24 Stunden luftig abgedeckt warm stellen (z.B. auf oder an die Heizung)
- In ein Glas füllen, gut verschließen, vor dem Verzehr 2 Tage durchziehen lassen, kühl aufbewahren

## KNOBLAUCHPASTE

*Lecker zu Grillfleisch*

10 Knoblauchzehen
je 1 Zweig Salbei, Rosmarin und Thymian
2 TL Salz

- Alle Zutaten pürieren
- 12–24 Stunden luftig abgedeckt warm stellen (z.B. auf oder an die Heizung)
- In Gläser füllen und luftdicht verschließen, vor dem Verzehr 2 Tage durchziehen lassen, kühl aufbewahren

## OLIVENPASTE

*Wie im Griechenland-Urlaub*

12 Oliven, entsteint
4 Knoblauchzehen
je 1–2 EL Weißweinessig und stilles Mineralwasser
je 1 EL Zucker und Sojasauce
1 TL Salz

- Alles zusammen pürieren
- 12–24 Stunden luftig abgedeckt warm stellen
- In Gläsern luftdicht verschließen, vor dem Verzehr 2 Tage durchziehen lassen, kühl aufbewahren

*Süß und saftig:*

# VERFÜHRUNGEN AUS DEM EINMACHGLAS

Milchreis mit Apfelmus, eingelegte Kirschen zum Grießbrei, Aprikosenmarmelade zum Frühstück: Leckereien, die uns früher in Verzückung geraten ließen. Genießen Sie sie auch heute noch – natürlich selbst eingekocht!

# Eingekochtes Obst

*Manche Desserts, wie die allseits beliebte Rote Grütze und Kompott jedweder Art, gehören für viele zu den schönsten kulinarischen Kindheitserinnerungen. Wie gut, dass das Einkochen mit Zucker genauso einfach ist wie das pikante Einkochen.*

**BEKANNTE METHODEN**
Ob Sie nun süß oder herzhaft einmachen oder einkochen – die Techniken sind dieselben. Fürs Einwecken von Kompott können Sie ebenfalls den Einkochtopf nehmen. Ab Seite 10 wurden bereits alle Methoden beschrieben.

Für in Zucker Eingekochtes werden Früchte und Beeren mit Flüssigem und natürlich mit Zucker eingelegt und eingekocht. Auch Alkohol, wie beim Rumtopf, und weitere aromatische Zutaten wie Ingwer, Nüsse, Orangeschale oder Zimt sind häufig mit von der Partie. Alles wird heiß – in Kombination mit Alkohol auch kalt – in Gläser gefüllt und sofort fest verschlossen. Zum Einkochen mit Zucker eignen sich ausnahmslos alle essbaren Beeren und Früchte.

**DIE PERFEKTE ZUCKERLÖSUNG**

- 500 g Zucker auf 1 l Wasser

Sie können Obst auch roh in Gläser füllen, eine Zuckerlösung anrühren und aufkochen und über die Stücke gießen. Dann die Gläser verschließen und 30 min bei 75 °C einkochen.

*Zu dritt geht das Schälen wie von selbst.*

## OBST IM GLAS

*Grundrezept*

1 kg Obst, z.B. Sauerkirschen, Birnen, Aprikosen oder Mirabellen, eventuell entkernt oder entsteint
500 g Zucker
2 EL Zitronensaft
1 Becher abgekochtes Wasser

- Obst eventuell zerkleinern, Saft dabei auffangen
- Obststücke, aufgefangener Saft und Zucker in eine Schüssel geben, über Nacht ziehen lassen
- Wasser dazugeben, alles aufkochen, Zitronensaft zugießen
- Obst mitsamt Flüssigkeit in Gläser füllen und verschließen, 30 min bei 75 °C einkochen

## APFELMUS

*Geschmack ganz pur*

Äpfel, geviertelt, Kerngehäuse entfernt
etwas Wasser

- Äpfel in einen Topf geben, mit wenig Wasser weich kochen
- Durch ein Sieb passieren, nochmals aufkochen
- In Gläser füllen, verschließen, kopfüber stellen, auskühlen lassen

**DAS SCHMECKT AUCH …**

Kochen Sie etwas Zimt, Zucker, Vanille oder abgeriebene Orangenschale mit, dann bekommt das Mus eine zusätzliche Note. Mit etwas Butter, Honig und Salbei angereichert, wird daraus eine leckere Krankenkost bei Durchfall.

## VANILLE-APFELSPALTEN

*Fein zu Nusseis*

1 kg Äpfel, geschält und ohne Kerngehäuse, in Spalten geschnitten
400 g Zucker
1 l Wasser
*pro Glas:* ½ TL Vanillezucker und 1 Stückchen Vanilleschote (etwa 1–2 cm groß)

- Vanillemark aus der Schote kratzen, Schote klein schneiden, zusammen mit dem Mark, Vanillezucker und den Apfelspalten in die Gläser geben
- Zucker und Wasser aufkochen, in die Gläser füllen
- Gläser gut verschließen, 120 min bei 100 °C einkochen

*Ob pikant gefüllt als feine Beilage zu Fleisch und Kartoffelgerichten oder mit Vanillesauce als feines Dessert – Bratapfel schmeckt lecker!*

## BRATAPFEL IM GLAS

*Adventliches für den Vorrat*

1 Apfel, Kerngehäuse ausgestochen
2 EL Füllung nach Wunsch (siehe rechts)
1 EL Nusssplitter zum Bestreuen
½ Tasse Vanillesauce oder
1 Kugel Vanilleeis
Butter zum Einfetten

- Apfel in ein gefettetes Glas setzen, Füllung ins Loch in der Mitte geben, mit Nusssplittern bestreuen
- Glas verschließen, pro cm Glasdurchmesser 10 min bei 85 °C einkochen
- Vor dem Servieren Glas öffnen, kurz in der Mikrowelle erwärmen und mit Vanillesauce oder Eis servieren

### DAS SCHMECKT AUCH ...

Ideen für Bratapfel-Füllungen:

**Süß und verführerisch:**

- gehackte getrocknete Datteln, Mandelmus, Honig
- Pflaumenmus, gehackte Mandeln, Spekulatiusgewürz
- Marzipan, Orangensaft, geriebener Ingwer, Rosinen
- getrocknete Cranberrys, Haferflocken, Zimt
- getrocknete Aprikosen, gemahlene Nüsse, Vanillezucker
- Brombeermus, gehackte Walnüsse, Zimt
- Orangenfilets, zerbröselte Spekulatius, Sherry
- Vanillepudding, zerbröselte Lebkuchen, Zimt
- Lebkuchen, abgeriebene Orangenschale, rote Marmelade

**Kulinarisch pikant:**

- Parmesan, Schmand, Zwiebeln, Tomatenpaprika
- Salamistückchen, Brie, Walnüsse, Petersilie
- Räucherlachs, Honig, Senf, Dill, Frischkäse
- Kürbiskerne, Sbrinz-Käse, Schmand, Röstzwiebeln, Schnittlauch
- Olivenmus, Salbeiblättchen, Tomaten und Knoblauch
- Meerrettichsahne, Forelle, Sherry, Rote Bete
- Schinkenstückchen, Curry, Ananas, gemahlene Mandeln
- Chilistückchen, Frischkäse, dunkle Marmelade
- Crème fraîche, Backobst, Ingwer, rote Zwiebeln

## APFELKOMPOTT

*Beliebt zu Milchreis oder Crêpes*

1 kg Äpfel, geschält und ohne Kerngehäuse, in kleine Stücke geschnitten
3 EL Zucker
je 2 EL Zitronen- und Apfelsaft sowie Wasser
½ TL Zimt

- Alle Zutaten zusammen aufkochen, zugedeckt 15–20 min simmern lassen
- In Gläser füllen, verschließen, kopfüber stellen, auskühlen lassen

### DAS SCHMECKT AUCH ...

Dieses Rezept ist auch lecker mit Birnen, Aprikosen, Pfirsichen, Erdbeeren, Heidelbeeren, Johannisbeeren, Kirschen, Mirabellen, Stachelbeeren, Zwetschgen und vielen weiteren Obstsorten.

## MIXED FRUITS

*Schmeckt nach Sommer – auch mitten im Winter*

1 kg gemischte Früchte, z.B. Beeren, Kern- und Steinobst, Trauben, Melone, Ananas, eventuell geschält, entkernt und zerkleinert

- Früchte roh und ohne weitere Zugaben in Gläser legen
- Gut verschließen, 25 min bei 80 °C einkochen

## BIRNEN PUR

*Für Grießbrei und andere Leckereien*

500 g Birnen geschält, ohne Kerngehäuse und in kleine Stücke geschnitten
abgekochtes Wasser

- Birnen in Gläser einlegen und mit Wasser aufgießen
- Gläser gut verschließen, 35 min bei 80 °C einkochen

## FEINE VANILLE-BEEREN

*i-Tüpfelchen auf Eis und anderen Süßspeisen*

500 g Beerenmischung
1 Vanilleschote
2 EL Zucker

- Vanilleschote auskratzen, das Mark und den Zucker mit den Beeren vorsichtig mischen
- In Gläser füllen, gut verschließen, 25 min bei 75 °C einkochen

## ORANGENFILETS IM PORTWEINSUD

*Exotisches zum Nachtisch*

1 kg Orangenfilets
¼ l weißer Portwein
750 ml Wasser
500 g Zucker

- Orangenfilets roh in Gläser füllen
- Portwein mit Wasser und Zucker aufkochen und über die eingelegten Stücke gießen
- Gläser verschließen und 15 min bei 75 °C einkochen

## HIMBEEREN IM BLÜTENSUD

*Eine Besonderheit*

1 kg Himbeeren
500 g Zucker
1 l Wasser
*pro Glas:* einige Blütenblätter von z.B. Rose, Lavendel, Orange

- Beeren in Gläser füllen, Blüten dazugeben
- Wasser mit Zucker aufkochen und über die eingelegten Stücke gießen
- Gläser verschließen und 15 min bei 75 °C einkochen

**AROMEN ZUM VERFEINERN**

Zu süß eingekochtem Obst passen Anis, Bergamotte, Granatapfelkerne, Ingwer, Kardamom, Kurkuma, Kognak, Macis, Nüsse, Koriander, Lavendel, Mädesüß, Papaya, Portwein, Ringelblume, Safran, Sesam, Sherry, Tonkabohne, Vanille, Veilchen, trockener Wein, Zimt, Zitronengras und vieles mehr.

*Rosenblätter geben den Himbeeren eine besondere Note.*

*Rote Früchtchen für die Grütze oder den Rumtopf.*

## ZITRUSFRÜCHTE IN SAFRAN-SHERRY

*Sommerlich frisch*

1 kg Filets von Zitrusfrüchten, z.B. Orangen, Mandarinen und Grapefruits
500 g Zucker
1 l Wasser
***pro Glas:*** einige Safranfädchen und 1 TL Sherry dry

- Filets roh in Gläser füllen, Safran und Sherry dazugeben
- Wasser und Zucker aufkochen und über die eingelegten Stücke gießen
- Gläser verschließen, 15 min bei 75 °C einkochen

## ROTE GRÜTZE

*Der Klassiker mit Vanillesauce*

700 g gemischte rote Früchte, z.B. Beeren und entsteinte Kirschen
300 g roter Obstsaft
Saft und abgeriebene Schale von 1 Limette
6 Blatt rote Gelatine
3 EL Zucker
***pro Portion:*** 3–4 EL Vanillesauce

- Gelatine in kaltem Wasser einweichen
- Säfte, Limettenschale und Zucker erwärmen
- Gelatine ausdrücken, im Saft auflösen, Früchte untermischen
- Im Kühlschrank 1–2 Stunden kalt stellen
- Einmal vor dem Servieren durchrühren, mit Vanillesauce anrichten

**DAS SCHMECKT AUCH …**
Probieren Sie doch mal gelbe Grütze aus Mirabellen, Äpfeln, Aprikosen und anderen Obstsorten mit gelbem Fruchtfleisch. Dazu sollten Sie auch gelben Saft, z.B. Orangen- oder Apfelsaft wählen.

**ALTERNATIVEN ZUR GELATINE**
Falls Sie keine Gelatine verwenden möchten, finden Sie weitere Geliermittel auf Seite 73.

## RUMTOPF

*Ab Frühjahr ansetzen, im Winter zum Eis genießen*

Reife Früchte der jeweiligen Saison, eventuell geschält, entkernt oder entsteint, große Früchte in Würfel oder Spalten geschnitten
Zucker
Rum, mindestens 54 % Vol., besser 70–80 % Vol.

- Im Frühjahr Erdbeeren, Himbeeren, Kirschen u.Ä. in den Rumtopf geben und die Hälfte des Gewichts der Früchte an Zucker darüberstreuen
- 1 Stunde ziehen lassen, mit Rum begießen, die Früchte sollten 2 cm hoch bedeckt sein
- Topf verschließen, dunkel und kühl, z.B. in den Keller, stellen
- Im Sommer Brombeeren, Pfirsiche, Aprikosen u.Ä. dazugeben
- Jeweils wieder die Hälfte des Gewichts der hinzugefügten Früchte an Zucker zugeben
- 4 Wochen ziehen lassen, erneut Rum zugießen, bis alles gut bedeckt ist
- Im Herbst z.B. Pflaumen und Birnen dazugeben; auch Südfrüchte können zu Rumtopf verarbeitet werden, beispielsweise Ananas, Mango oder Papaya
- Jeweils wieder die Hälfte des Gewichts der Früchte an Zucker zugeben
- Erneut 4 Wochen ziehen lassen, erneut Rum zugießen, bis alles gut bedeckt ist
- Noch einmal 2 Wochen stehen lassen
- Und nicht vergessen: Die Früchte sind stark alkoholhaltig, also bitte wohldosiert genießen

**DAS SCHMECKT AUCH ...**
Geben Sie auf Wunsch auch Aromen wie Zimt, Vanille, abgeriebene Orangenschale oder Sternanis mit in Ihren Rumtopf.

**FEINE ESSENZEN**
Konzentrierter Geschmack und feines Aroma – das versprechen Essenzen, die Sie in der Küche vielfältig einsetzen können: vom Topping fürs Eis bis hin zu erfrischenden Limonaden.

**Vanilleessenz**
125 ml Rum, Wodka oder Korn
1 Vanilleschote

- Alkohol in ein gut verschließbares Glas geben
- Die Vanilleschote vierteln, längs aufschlitzen und ins Glas geben, sodass alles komplett mit Alkohol bedeckt ist
- Glas gut verschließen, 2 Monate kühl und dunkel stellen, wöchentlich schütteln
- Schotenstückchen herausnehmen

Nach dem gleichen Vorgehen können Sie auch vieles andere einlegen, z.B. Kaffeebohnen, Zitrusschalen oder Ingwer.

# Zuckerkreationen aus der eigenen Küche

Zucker als Helfer beim Haltbarmachen – das kennen Sie von kandierten Früchten. Aber es gibt noch mehr zu entdecken, z.B. feiner selbst gemachter Blüten- oder Obstzucker zu Eis, in Tee oder als besonderes Aroma im Einmachglas. Viel Spaß beim Ausprobieren!

Orangenscheiben schneiden – aber bitte ohne Kerne ...

## EASY-ZUCKER

*Grundrezept*

je nach Geschmack z.B.
1 Handvoll abgeriebene Limetten- oder Orangenschale, essbare Blüten wie Lavendel oder Rose, Tannennadeln oder Beeren
Zucker

- Dünne Lagen Zucker abwechselnd mit der gewählten aromatischen Zutat in ein Glas schichten, mit Zucker beginnen und enden
- Gefäß luftig abdecken, d.h. entweder den Deckel lose darauflegen oder ein Tuch bzw. eine Serviette darüberdecken und mit einem Band befestigen, so kann die Feuchtigkeit entweichen
- Erst wenn alles getrocknet ist, Glas verschließen

### ADVENTS-ZUCKER

*Passt besonders gut zu Crêpes, im Kaffee oder Kakao*

je 1 ausgekratzte Vanilleschote, zerbröselte Zimtstange und Sternanis
je 2 Kardamomkapseln und Nelken, zerdrückt
1 EL abgeriebene Orangenschale
Zucker

- Die Gewürze zusammen mit dem Zucker in ein Glas geben, luftig mit einem Tuch oder einer Serviette abdecken und mit Schnur oder einem Gummiband befestigen, an einen trockenen Ort stellen
- 2–3 Wochen durchziehen lassen, dann erst fest verschließen

### KANDIERTE BLÜTENBLÄTTER MIT EIWEISS

*Eine besondere essbare Deko*

1 Handvoll Blüten oder Blütenblätter, z.B. Rosenblütenblätter, Lavendel-, Veilchen- oder Holunderblüten
1 Eiweiß
100 g feinster Kristall- oder Puderzucker
eventuell 1 Msp. Vanillemark

- Eiweiß auf-, aber nicht ganz steif schlagen
- Zucker und auf Wunsch Vanillemark mischen
- Blüten erst in geschlagenes Eiweiß tunken, dann von beiden Seiten mit Zucker bestreuen
- Im Backofen bei 40 °C 1 Stunde oder bei 70 °C etwa 30 min trocknen

**FÜR GRÖSSERE MENGEN**
Ein Backblech mit Back- oder Pergamentpapier auslegen und dieses mithilfe eines feinen Siebes mit Puderzucker bestäuben. Mit Eiweiß benetzte Blütenblätter darauf anordnen und die Blätter von oben mit dem Sieb ebenfalls schön dick zuckern.

### KANDIERTE ERDBEEREN

*Für Desserts oder einfach zum Naschen*

2 Handvoll Erdbeeren, in hauchdünne Scheiben geschnitten
2 Eiweiß
200 g Zucker
1 Msp. Zitronensäure

- Eiweiß auf-, aber nicht ganz steif schlagen
- Zucker und Säure mischen
- Erdbeerscheibchen erst im geschlagenen Eiweiß, dann in Zucker wälzen
- Im Backofen bei 40 °C ungefähr 1 Stunde trocknen

**SO GEHT'S GANZ SCHNELL**
Das Umhüllen der Erdbeeren mit Eiweiß und Zucker geht am besten, ähnlich wie beim Panieren, in kleinen verschließbaren Schüsseln. In eine Schüssel Eiweiß füllen, Früchte dazugeben, Schüssel schließen und sanft schütteln. Zucker in eine andere Schüssel geben, Erdbeeren umfüllen, verschließen, erneut leicht schütteln.

### KANDIERTE ORANGENSCHEIBEN

*Orangensirup gibt's obendrein*

4 Bio-Orangen
je 750 g Zucker und Wasser

- Orangen heiß abspülen und mit Schale in etwa 1 cm breite Scheiben schneiden
- Zucker und Wasser in einem Topf aufkochen, Orangenscheiben dazugeben
- 15 min sanft köcheln lassen, Herd ausstellen und die Scheiben zugedeckt 24 Stunden im Sirup stehen lassen
- Orangenscheiben mit einem Schaumlöffel zum Abtropfen herausnehmen
- Sirup dabei auffangen, durch ein Tuch gießen, erneut aufkochen, heiß in Flaschen abfüllen, luftdicht verschließen
- Orangenscheiben zum Trocknen 2 Tage an einen warmen Ort stellen, eventuell im Backofen noch einmal bei 50–60 °C nachtrocknen
- In Schraubdeckelgläsern luftdicht aufbewahren

# Konfitüren, Marmeladen und Gelees

*Jeder hat seine ganz persönliche, von Oma oder sonst einem lieben Menschen selbst gezauberte Lieblingsmarmelade. Probieren Sie die folgenden Rezepte einmal aus – vielleicht machen Sie mit denen Ihren Lieben wiederum eine Freude.*

**GLÄSER ZUM NULLTARIF**
Beim Konfitürekochen können Sie gebrauchte, gut gesäuberte Marmeladengläser wiederverwenden. Alte Klebe-Etiketten lösen sich übrigens am besten, wenn Sie sie mit einfachem Speiseöl abreiben.

Selbst gemachte Konfitüren sind mit denen aus dem Supermarkt nicht zu vergleichen. Sie wissen genau, dass Sie nur 1A-Früchte verwendet haben, Konservierungsstoffe und künstliche Aromen fehlen. Fruchtgenuss pur – abgerundet mit feinen Gewürzen wie Vanille oder Zimt, auch mal mit etwas Alkoholischem und auf Wunsch mit selbst aromatisiertem Zucker (siehe Seite 70).

Das Einkochen ist ganz einfach: Früchte verlesen, nach Wunsch pürieren und durch ein Sieb streichen und mit Zucker mischen, dann aufkochen, in Gläser füllen, verschließen und auf den Kopf gedreht auskühlen lassen – fertig. Sie können die Früchte auch erst mit Zucker mischen, die Masse über Nacht schön ziehen lassen und dann erst eventuell pürieren und kochen.

**GELIERZUCKER-SORTEN**
**Gelierzucker 1:1** ist einfacher Haushaltszucker, der mit Pektin und Zitronensäure gemischt wurde.
**Gelierzucker 2:1 oder 3:1** ist Gelierzucker, dem für eine bessere Haltbarkeit zusätzlich Sorbinsäure zugefügt wurde.
Die Zahlen auf der Packung helfen beim Dosieren des Gelierzuckers:

- **1:1** = 1 Teil Früchte + 1 Teil Zucker oder 1 kg Früchte + 1 kg Zucker
- **2:1** = 2 Teile Früchte + 1 Teil Zucker oder 1 kg Früchte + 500 g Zucker
- **3:1** = 3 Teile Früchte + 1 Teil Zucker oder 1,5 kg Früchte + 500 g Zucker

## Marmelade und Konfitüre – was ist was?

In Deutschland ist die Bezeichnung Marmelade mit einigen Ausnahmen offiziell nur noch für Zitrusprodukte erlaubt. Man folgt damit dem englischen Vorbild, auch wenn sich der Volksmund hartnäckig der Terminologie verweigert und alles als Marmelade tituliert, was aus gekochten pürierten Früchten und Zucker gemacht wurde und aufs Brot gestrichen wird. Der Unterschied zwischen Marmelade und Konfitüre ist jedoch im Erlass der deutschen Konfitürenverordnung von 1982 beschrieben. Demnach ist Marmelade eben stets aus Zitrusfrüchten zu machen, in Konfitüre dürfen alle anderen Früchte und Beeren drin sein, inklusive sichtbarer Fruchtstückchen. Konfitüre ist demnach also alles – außer Marmelade!

Ein Fruchtaufstrich bezeichnet eher Fruchtiges mit viel Chemie und Zucker und ist nicht ganz genau zu definieren. Wenn nur Fruchtsaft eingekocht wurde, heißt es Gelee.

## Geliermittel für die richtige Konsistenz

Einige Süßspeisen, wie Rote Grütze, und natürlich vor allem Konfitüren, Marmeladen und Gelees werden mit Geliermittel gebunden, damit sie eine sämige, mitunter streichfähige Konsistenz erhalten. Aber was sind Geliermittel? Es sind Zusatzstoffe

für Lebensmittel, die im Wasser quellen oder Wasser binden. In den meisten Rezepten wird Gelierzucker benutzt, er ist in jedem Supermarkt erhältlich. Aber es gibt noch andere Mittel:
**Agar-Agar:** für Fleischglasuren, Gelees, Konfitüren und Marmeladen sowie Milchspeisen
**Gelatine:** für Gelees, Milch- und Süßspeisen (Wackelpudding), Sülze und Aspik, Süßigkeiten (Gummibärchen), Tortengüsse
**Guarkernmehl:** für Gelees, Konfitüren und Milchspeisen
**Gummi arabicum:** für Süßigkeiten und Tortengüsse
**Johannisbrotkernmehl:** für Gelees, Konfitüren und Marmeladen sowie Milchspeisen
**Pektin:** für Gelees, Gelierzucker, Konfitüren und Marmeladen, Saucen, Süß- und Milchspeisen, Tortengüsse
**Sago** (granulierte Stärke) oder Stärkemehl: für Saucen, Süßspeisen (Rote Grütze, Kompott)
**Xanthan:** für Eierspeisen (Mayonnaise), Gelees, Konfitüren und Marmeladen, Saucen, Süß- und Milchspeisen

Falls Sie ohne Gelierzucker oder andere gekaufte Geliermittel einkochen möchten, können Sie einen Pektinsud selbst kochen.

## Gelierprobe

Um zu schauen, ob das Geliermittel richtig dosiert wurde und die Konfitüre die gewünschte Konsistenz hat, ist es ratsam, eine sogenannte Gelierprobe zu machen: Geben Sie einen Klecks heiße Konfitüre auf einen kalten Teller und warten Sie kurz. Nach wenigen Minuten sollten die Ränder schon deutlich fester sein. Falls nicht, kochen Sie die Konfitüre noch etwas länger. Wenn es dann immer noch nicht klappt, mit ein wenig mehr Zucker nachhelfen.

## Tricks gegen Schimmel

Wenn eigenhändig und mit Liebe Eingekochtes verdirbt, ist das sehr schade. Besonders Schimmel macht Konfitüren ab und an ungenießbar. Hier ein paar Tipps, wie Sie diesem vorbeugen können:

- Gläser und Deckel mit sehr heißem Wasser auswaschen oder sogar auskochen
- Mit einem Schuss Obstler Gläser und Deckel gut ausschwenken, das verbessert zudem auch noch den Geschmack
- Gläser und Deckel kurz vor Gebrauch heiß ausspülen, dann in der Mikrowelle kurz erhitzen
- Gläser und Deckel heiß ausspülen, Backofen auf 80 °C stellen, 15 min auf den Rost stellen
- Gläser nur bis 0,5 cm unter den Rand befüllen, etwas abkühlen lassen, dann mit reinem unvergälltem Alkohol oder Einmachtropfen (aus Apotheke oder Internet) beträufeln, anzünden und das noch brennende Glas sofort verschließen

### SELBST GEMACHTER PEKTINSUD

*Lässt sich für den Vorrat einfrieren*

1 kg Äpfel
Wasser

- Äpfel inklusive Schale, Gehäuse und Kerne vierteln und knapp mit Wasser bedeckt 20 min weich kochen
- Durch ein Sieb abgießen, den Saft dabei auffangen
- Äpfel durch das Sieb streichen, das Mus in Gläser abfüllen und einkochen
- Saft auf die Hälfte der Menge einkochen
- Portionsweise abfüllen: Auf 2 kg Früchte geben Sie etwa 150 g Mus oder Saft

**SO GEHT'S AUCH**

Sie können auch in einem extra Sieb Apfelschalen, -kerne und -gehäuse in der Konfitüre aus pektinarmen Früchten mitkochen. Vor dem Abfüllen Sieb entfernen.

*Marmelade aufs Brot – so kann der Tag beginnen.*

Aprikosenkonfitüre aufs Brot – lecker.

## APRIKOSENKONFITÜRE

*Schmeckt nach Sommer*

600 g Aprikosen, halbiert und Kerne entfernt
200 g Gelierzucker 3:1

- Früchte mit dem Zucker mischen und 1–2 Stunden durchziehen lassen
- Masse mit dem Zauberstab eventuell grob pürieren und durch ein Sieb streichen
- Masse erhitzen und 4 min unter ständigem Rühren sprudelnd kochen lassen
- Gläser befüllen, verschließen, kopfüber stellen und auskühlen lassen

**MIT BITTERMANDELNOTE**

Sie können ein bis zwei zerstoßene Obstkerne, beispielsweise von Aprikose, Pflaume oder Kirsche, in einem Säckchen mitkochen. Sie verleihen Konfitüre eine besonders zarte Note von Bittermandel. In dieser Menge sind sie völlig unschädlich.

## JOHANNISBEER-APFEL-KONFITÜRE

*Eine süßsaure Verführung*

300 g rote Johannisbeeren
2 Äpfel, in feinen Scheiben
300 g Gelierzucker 2:1
Saft von 1 Orange
je ½ Msp. Muskat, Zimt und gemahlenes Piment

- Johannisbeeren zerdrücken
- Alle Zutaten mischen, 1–2 Stunden durchziehen lassen
- Masse mit dem Zauberstab grob pürieren, durch ein Sieb streichen, erhitzen und 4 min unter ständigem Rühren sprudelnd kochen lassen
- In Gläser füllen, verschließen, kopfüber stellen und auskühlen lassen

## ENGLISH ORANGE

*Für Britannienliebhaber*

500 g Orangenfilets
250 g Gelierzucker 2:1
1–2 EL abgeriebene Orangenschale

- Orangenfilets pürieren, durch ein Sieb streichen, mit den Orangenschalen und dem Gelierzucker mischen
- Masse erhitzen und 4 min unter ständigem Rühren sprudelnd kochen lassen
- Gläser befüllen, verschließen, kopfüber stellen und auskühlen lassen

## ERDBEERKONFITÜRE OHNE STÜCKCHEN

*Lieblingsaufstrich*

750 g Erdbeeren, geputzt
250 g Gelierzucker 3:1

- Erdbeeren in einen Topf geben und mit der Gabel oder einem Kartoffelstampfer fein zerquetschen
- Zucker untermischen, alles 3–4 Stunden ziehen lassen, pürieren, danach durch ein Sieb passieren
- Masse erhitzen und 4 min unter ständigem Rühren sprudelnd kochen lassen
- In Gläser füllen, fest zudrehen, kopfüber stellen, nach dem Abkühlen wieder umdrehen

### DAS SCHMECKT AUCH …

Das gleiche Prinzip des Marmeladekochens klappt natürlich auch mit allen anderen Obst- und Beerensorten wie beispielsweise Aprikose, Rhabarber, Kirschen und vielen anderen – ganz nach Lust und Laune, pur oder nach Herzenslust gemischt, mit oder ohne zusätzlichen Aromen. Auch Hagebutten und Maronen sind geeignet. Wer Stückchen in der Marmelade mag, kann sich das Passieren sparen.

## ERDBEERKONFITÜRE MIT VANILLE UND LIMETTE

*Mit besonderer Note*

750 g Erdbeeren, geputzt
250 g Gelierzucker 3:1
1 Päckchen Vanillezucker
Saft und abgeriebene Schale von ½ Limette

- Erdbeeren in einen Topf geben, mit Gabel oder Kartoffelstampfer zerquetschen
- Alle weiteren Zutaten untermischen und 1 Tag ziehen lassen, dann eventuell pürieren und durch ein Sieb passieren
- Masse erhitzen und 4 min unter ständigem Rühren sprudelnd kochen lassen
- Gläser befüllen und fest zudrehen, kopfüber stellen und auskühlen lassen

### GLÄSER BEFÜLLEN

Am besten immer in drei Schritten: erst jedes Glas zu ⅓ füllen, zweimal wiederholen, bis alle Gläser voll sind.

## HIMBEERGELEE

*Sehr gut zum Verfeinern von Torten und Kuchen*

1 kg Himbeeren
¼ l Wasser
Gelierzucker 2:1

- Beeren mit dem Wasser in einem großen Topf 10–12 min sanft kochen
- Saft über Nacht durch ein Tuch absieben, das Himbeermus anderweitig verwenden, z.B. für ein Chutney
- Saft auswiegen, die Hälfte des Gewichts an Gelierzucker dazugeben
- Masse erhitzen und unter ständigem Rühren 4 min sprudelnd kochen lassen
- In Gläser füllen, verschließen, kopfüber stellen und auskühlen lassen

### DAS SCHMECKT AUCH …

Das Himbeergelee-Rezept funktioniert mit vielen anderen Beeren und Früchten auch, beispielsweise mit Johannis- und Heidelbeeren oder entsteinten Kirschen.

*Hagebuttenmark ist eine Vitaminbombe.*

## HAGEBUTTENMARK

*Lecker und sehr gesund*

2 kg Hagebutten, von Stiel und Blütenansatz befreit
½ l Wasser

- Hagebutten durch den Fleischwolf drehen
- Mit dem Wasser mischen und durch ein eher feineres Sieb passieren
- Mischung aufkochen, in Gläser füllen, fest zudrehen, kopfüber stellen und auskühlen lassen
- Wenn Sie daraus Konfitüre machen wollen, einfach das passierte Hagebuttenmus abwiegen, ⅓ der Menge an Gelierzucker 3:1 dazugeben, 4 min sprudelnd kochen lassen und dann abfüllen, verschließen, kopfüber stellen und auskühlen lassen

## ZWETSCHGENMUS

*Der feine Klassiker*

2 kg Zwetschgen, halbiert und entsteint
250 g brauner Zucker
je 1 Tasse trockener Rotwein und Wasser
je 1 TL abgeriebene Zitronenschale, geriebener Ingwer und Vanillezucker
je 1 Msp. Zimt, Nelke, gemahlenes Piment, Macis und Kardamom

- Alle Zutaten zusammen in einen Topf geben, Zwetschgensteine in einem Sieb mit in den Topf hängen
- 2 Stunden ziehen lassen
- Backofen auf 140 °C vorheizen, Masse ca. 4 Stunden offen im Ofen einkochen, dabei immer wieder umrühren und die Ofentür einen winzigen Spalt offen stehen lassen
- Steine entfernen, Mus pürieren, heiß in Gläser füllen und verschließen, Gläser kopfüber stellen und auskühlen lassen

**HAGEBUTTEN ALS MEDIZIN**
Hagebutten, die Früchte von Wild- oder Heckenrosen, sind sehr Vitamin-C-reich. Daher werden sie auch in der Heilkunde eingesetzt. 1 EL Hagebuttenmark deckt bereits den Tagesbedarf eines Erwachsenen an Vitamin C. Hagebuttenmarmelade ist zwar nicht ganz so gehaltvoll, aber lecker auf Brot, beispielsweise mit Butter oder Frischkäse natur.

## QUITTENMARMELADE

*Mit Calvados verfeinert*

1,5 kg Quitten, komplett mit Schale und Kernen, geviertelt
250 g Zucker
Saft von 1 Zitrone
2–3 EL Calvados
je ½ TL Zimt und Vanillemark

- Quittenviertel mit Wasser bedecken, weich kochen und 12 Stunden im Sud stehen lassen
- Weiche Quitten mit einem Schaumlöffel herausnehmen, durch ein Sieb passieren
- Ungefähr ¼–⅓ des Quittensuds wieder dazugeben (der Rest des Suds kann für Quittengelee verwendet werden, siehe nachfolgendes Rezept)
- Die weiteren Zutaten hinzufügen
- Alles erhitzen und 4 min unter ständigem Rühren sprudelnd kochen lassen
- Gläser befüllen, verschließen, kopfüber stellen und auskühlen lassen

## QUITTENGELEE

*Tolle Resteverwertung von Sud oder Saft*

Kochsud vom Rezept Quittenmarmelade (siehe vorheriges Rezept)
Gelierzucker 2:1
1 Msp. Zitronensäure

- Kochsud auswiegen, Hälfte des Gewichts an Gelierzucker und die Zitronensäure dazugeben
- Masse erhitzen und 4 min unter ständigem Rühren sprudelnd kochen lassen
- In Gläser füllen, verschließen, kopfüber stellen und auskühlen lassen

**QUITTEN FÄRBEN STARK**
Bevor Sie Quitten schneiden sollten Sie Gummihandschuhe überziehen, so verhindern Sie braune Finger.

**DAS SCHMECKT AUCH ...**
Ob als eingekochtes Obst oder Marmelade, hier finden Sie einige sehr leckere Zusammenstellungen:
**Kirsch-Vanille-Chili:** 1 kg Kirschen, Mark von 1 Vanilleschote, 1 Msp. Chiliflocken
**Pflaume-Zitrone-Basilikum:** 1 kg Pflaumen, Saft von 1 Zitrone, 1 TL abgeriebene Zitronenschale und 1 EL Basilikumblättchen
**Birne-Lavendel-Honig:** 1 kg Birnen, 1 Lavendelblüte und 1 EL Honig
**Rhabarber-Rose-Vanille:** 1 kg Rhabarber, je 1 EL Rosenblüten und Vanillezucker
**Apfel-Zimt-Limette:** 1 kg Äpfel, 1 TL Zimt, Saft von 2 Limetten
**Brombeer-Honig-Thymian:** 1 kg Brombeeren, 1 EL Honig, ½ TL Thymianblättchen
**Johannisbeere-Orange-Salbei:** 1 kg Johannisbeeren, Saft von 2 Orangen, 1 TL abgeriebene Orangenschale, 2–3 Salbeiblättchen
**Apfel-Ingwer-Prosecco:** 1 Flasche Prosecco, 1 geriebener Apfel, Saft und abgeriebene Schale von 1 Limette, je 1 Tasse Zitronensaft und Holunderblütensirup, 1 daumengroßes Stück Ingwer (gerieben), 3–4 Minzeblättchen

# Feines fürs Baby

*Wenn Sie für Ihr Baby aus frischen Bio-Zutaten selbst kochen, wissen Sie ganz genau, was drin ist. Und das ist allemal besser als die Fertignahrung, welche oft zu viel Zucker enthält. Zudem können Sie so auch bei Allergien genau das füttern, was Ihr Baby gut verträgt.*

Für Babynahrung eignen sich milde, nicht blähende Obst- und Gemüsesorten wie Äpfel, Birnen, Möhren, Pastinaken und Kartoffeln ebenso Getreideflocken, Reis, Nudeln, Pute, Hühnchen und vieles mehr. Ein bisschen Obstsaft bei Gemüse-Fleisch-Kreationen tut dem Geschmack gut und sorgt für zusätzliche Vitamine. Ein Klacks Butter oder ein Löffelchen gutes Öl sind wichtig zum Aufschließen der fettlöslichen Vitamine. Salz und scharfe Gewürze sollten Sie bei der Zubereitung meiden.

Je nach Alter pürieren Sie die Mischungen ganz fein oder lassen Stückchen drin. Je älter die Kinder werden, desto mehr Lebensmittel können Sie zusätzlich wählen, beispielsweise weitere Fleisch- und Gemüsesorten sowie Schmand, Milch, Joghurt, Käse, Nüsse, Eier und Kräuter. Ab einem Jahr können Kinder am Tisch mitessen.

*Ob Kuhmilch oder Sojamilch – erlaubt ist, was vertragen wird.*

### GLUTENFREIE BABY-NAHRUNG

Glutenhaltige Getreidesorten wie Weizen, Dinkel, Hafer, Einkorn, Roggen und Gerste können Sie, wenn Sie auf Nummer sicher gehen wollen, durch Hirse, Mais, Buchweizen, Kichererbsen, Maronen, Reis, Teff, Amaranth und Quinoa ersetzen. Glutenfreie „Milchsorten“ sind beispielsweise Reis-, Mandel-, Soja- und Kokosmilch.

## GEMÜSE-KARTOFFEL-FLEISCH-BREI

*Grundrezept 1: mit Gemüse*

1 kg Gemüse (besonders bekömmlich sind Möhren und Pastinaken), in Würfel
500 g Kartoffeln, in Würfel
200 g Fleisch, in feinen Würfeln
¼ l Apfelsaft
80 ml Rapsöl

- Gemüse, Kartoffeln und Fleisch getrennt in wenig Wasser weich kochen
- Fleisch und Gemüse fein pürieren, Kartoffeln fein stampfen, Saft und Öl unterrühren, alles mischen
- In Gläschen füllen und verschließen, pro cm Glasdurchmesser 8–10 min bei 80 °C einkochen

## GETREIDE-OBST-BREI

*Grundrezept 2: Fruchtiges für Babys Speiseplan*

1 kg Obst, püriert
200 g Getreideflocken
900 ml Wasser
5 EL Rapsöl oder Butter

- Getreideflocken mit Wasser aufkochen
- Püriertes Obst und Fett unterrühren
- In Gläschen füllen, verschließen und pro cm Glasdurchmesser 6–8 min bei 80 °C einkochen

### DAS SCHMECKT AUCH ...

Hier finden Sie vielerlei Anregungen für eigene Brei-Kreationen:

**Kartoffel-Kürbis-Brei:** je 400 g Kartoffeln und Möhren, 200 g Kürbis, 2 EL Apfelsaft, 1 TL Butter

**Bananen-Birnen-Haferbrei:** je 2 Bananen und Birnen, 400 g Haferflocken, 1 TL Sesamöl

**Hühnchen-Möhren-Brei:** je 400 g Möhren, Hühnchen und Kartoffeln, 2 EL Apfelsaft, 1 TL Olivenöl

**Zwieback-Obst-Brei:** je 3 Bananen und Äpfel, 6 Zwieback, 2 EL Mineralwasser, 1 TL Traubenkernöl

**Pastinaken-Hühnchen-Brei:** je 300 g Pastinaken und Hühnchen, 2 Äpfel, 2 EL Traubensaft, 1 TL Butter

**Erdbeer-Mais-Brei:** 350 g Erdbeeren, 2 Äpfel, 250 g Maismehl, 2 EL Mineralwasser, 1 TL Butter

**Puten-Birne-Kokos-Brei:** 250 g Pute, 2 Birnen, 100 g Kokosflocken, 2 EL Apfelsaft, 1 TL Butter

**Nudel-Mais-Brei mit Huhn:** 500 g Nudeln, je 250 g Mais und Hühnchen, 3–4 EL Orangensaft, 1 TL Maiskeimöl

**Pfirsich-Mango-Hirsebrei:** je 1 Pfirsich und Mango, 250 g Hirseflocken, 2 EL Mineralwasser, 1 TL Sesamöl

**Apfel-Getreidebrei:** 500 g Milch, 250 g Getreideflocken, 2 Äpfel, 1 Prise Zimt, 1 TL Olivenöl

**Birnen-Grießbrei:** 2 Birnen, 250 g Grieß, 150 g Milch, 1 EL Orangensaft, 1 TL Butter

**Bananen-Mais-Brei:** je 250 g Maismehl und Milch, 2 Bananen, 3 EL Apfelsaft, 1 TL Sesamöl

*In Sud oder Öl:*

# PIKANT EINGELEGT

Antipasti erinnern an Urlaubstage im Süden, Sauerkraut an früher und feine Gürkchen gehen sowieso immer. Das alles selbst zu machen ist wirklich kein Hexenwerk, dafür Kulinarik pur. Sie werden staunen – und dürfen genießen.

# Süßsauer und sauer Eingelegtes

*Ob es Klassiker wie Mixed Pickles, Soleier oder eingelegter Kürbis sein sollen oder Sie sich lieber an Exotisches wie orientalische Salz-Zitronen oder Asia-Gemüse wagen wollen, hier finden Sie leckere Anregungen.*

**DIE LAKE**

Je nach Rezept geben Sie auf das Einlegegut eine mehr oder weniger salzhaltige, neutrale, leicht süße bis säuerliche Lösung aus frisch abgekochtem Wasser oder stillem Mineralwasser, Salz und möglicherweise weiteren Zutaten, wie Essig, Wein, feine Gewürze und Kräuter, Honig oder Zucker.

**Universal-Salzlake** zum Nachgießen: 14–16 g Salz auf 1 l Wasser

**Süßsaure Lake** zum Nachgießen: 4 TL Salz und 1 TL Zucker auf 1 l Wasser

**5%ige Salzlake:** 50 g Salz auf 950 ml Wasser oder 6 TL Salz auf 8 Tassen Wasser

**10%ige Salzlake:** 100 g Salz auf 900 ml Wasser

**12%ige Salzlake:** 120 g Salz auf 880 ml Wasser

Das Konservierungsverfahren „Sauer Einlegen" kannte man bereits in der Antike. Das Prinzip ist auch heute noch denkbar einfach: Gemüse, Obst, Fleisch, Fisch oder Eier werden gegart, dann in Sud eingelegt und ziehen gelassen. Beeren, Obst- und Gemüsestücke – außer Quitten, die bleiben sonst zu hart – können Sie auch roh einlegen. Rohes Gemüse wird vorweg 12–24 Stunden lang gut gesalzen oder in Salzwasser eingelegt, das Eingelegte bleibt so schön knackig.
Das Einlegegut im Glas wird mit heißem oder kaltem Sud, auch Lake genannt, aufgegossen. Für eine saure Lake kochen Sie einen Sud aus Wasser, Essig und manchmal Wein, Salz, Zucker oder Honig, Kräutern und Gewürzen. Geben Sie gern weitere feine Zutaten wie Ingwer oder Orangenschale dazu. So ergeben sich verschiedene Geschmacksnoten von salzig bis sauer oder süßsauer. Die Säure des Essigs verhindert die Bakterienbildung, daher ist sauer Einlegen eine gute Methode zum Haltbarmachen von Lebensmitteln. Berühmteste Vertreter sind Saure Gurken oder Soleier (Rezepte ab Seite 83).

*Saure Gurken sind der Klassiker unter den eingelegten Gemüsen.*

## EINGELEGTE GÜRKCHEN

*Schmecken das ganze Jahr über*

2 kg möglichst kleine Gurken
3 Schalotten
1–2 Knoblauchzehen
1 Stück Ingwer, 2 cm groß
2 Bund Dill
2 Lorbeerblätter
1 EL bunte Pfefferkörner
je 1 TL abgeriebene Orangenschale, Koriandersamen, Senf- und Pimentkörner
*Sud:* 2 l Wasser, ½ l Essig, 150 g brauner Zucker, je 3 EL Salz und Orangensaft

- Die Zutaten für den Sud aufsetzen, aufkochen und wieder abkühlen lassen
- In der Zwischenzeit Gurken waschen und so lange wässern, bis der Sud kalt ist
- Schalotten, Knoblauch, Ingwer und Dill zerkleinern (Dillblüten ganz lassen), alles in ein Gefäß legen
- Gurken locker in das Gefäß schichten
- Gefäß mit dem abgekühlten Sud aufgießen, die Gurken müssen ganz bedeckt sein
- Ein Tuch über das Gefäß spannen und kühl und trocken aufstellen, 1 Woche durchziehen lassen

**DAS SCHMECKT AUCH …**
Für noch mehr Geschmack haben die Menschen früher gerne Blätter von Sauerkirschen, Johannisbeeren oder einfach etwas Weinlaub mit in die Gurkengläser gelegt.

**GURKENDOKTOR**
Gurkendoktor, Gurkenfest, Gurkenhilfe – das alles sind chemische Mischungen, die dafür sorgen, dass eingelegte Gurken fest und lange haltbar bleiben. Ob man die Hilfen braucht oder nicht, ist Ansichtssache. Manche stören sich an Zusätzen wie Natriumbenzoat (E 211) oder Kaliumsorbat (E 202), andere nicht. Fakt ist, es geht auch ohne. Gurken bleiben knackig, wenn sie über Nacht in Salzwasser eingelegt werden. Und absolute Hygiene bei der Verarbeitung sorgt für eine lange Haltbarkeit.

## ZWIEBEL-GÜRKCHEN

*Für Grillabende und lustige Burger-Runden*

1 kg feste kleine Einlegegurken
1 Handvoll Zwiebelwürfel
je 1 frischer Zweig Dill und Estragon
1 Stück Meerrettich, etwa 3 cm lang
je 2 Wacholderbeeren und Nelken
je 1 TL Senfsaat und Pfefferkörner
Salz zum Abreiben der Gurken
*Sud:* ¾ l Wasser, ¼ l feiner Essig, 50 g Salz, 1 EL brauner Zucker

- Gurken putzen und mit Salz abreiben, 2 Stunden in einer Schüssel ziehen lassen, gut abspülen
- Gurken und alle weiteren Zutaten in ein Gefäß schichten
- Sud mischen, aufkochen und heiß über die Gurken gießen
- Mindestens 2 Tage durchziehen lassen

**IM TONTOPF**

Sieht hübsch aus und die Gurken stehen jederzeit frisch griffbereit: Statt in Gläsern können Sie die Gurken in einen Tontopf schichten, mit einem Teller oder einem mit Wasser gefüllten Plastikbeutel (passt sich dem Topf optimal an und schließt alles luftdicht ab) beschweren. Oder Sie binden den Topf mit Folie und Schnur gut zu. Alles 2 Wochen durchziehen lassen, dann kühl lagern.

## DILLGURKEN

*Ein Klassiker unter den Gurken-Rezepten*

1 kg feste Einlegegurken
1 Bund Dill und 2 Dilldolden
1 fingernagelgroßes Stück Ingwer
je 1 EL Senfsaat und Pfefferkörner
Salz zum Abreiben
*Sud:* ½ l Wasser, 100 ml heller Essig, ¼ Zitrone, 2–3 EL brauner Zucker, 2 EL Salz

- Gurken putzen und mit Salz abreiben, 2 Stunden in einer Schüssel ziehen lassen, gut abspülen
- Gurken und alle weiteren Zutaten einschichten
- Sud mischen, aufkochen, heiß über die Gurken gießen
- Mindestens 2 Tage durchziehen lassen

*Dill für leckere Dillgurken.*

**DAS SCHMECKT AUCH ...**

Sie mögen Salatgurken lieber? Dann nehmen Sie statt der Einlegegurken einfach 1–2 Salatgurken. Diese schälen, vierteln, entkernen und in 3–4 cm lange Stücke schneiden und ohne weitere Vorbehandlung in die Gläser schichten. Wie im Rezept beschrieben weiter verfahren.

**DER SUD MACHT'S**

- Pro 1 kg Einlegegut rechnen Sie 1 l Sud aus ½ l Saurem, wie Essig und Wein, sowie ½ l Wasser
- Für einen milden süßsauren Sud nehmen Sie auf 1 l Wasser ¼ l Essig, je 1,5 EL Salz und Zitronen- bzw. Orangensaft sowie 75 g Zucker
- Für einen kräftigeren süßsauren Sud brauchen Sie 850 ml Wasser, 400 ml Essig sowie je 2 EL Salz und Zitronen- oder Orangensaft und 80 g Zucker

Rote Bete.

## RAHNEN SÜSSSAUER

*Rote Bete mit Cassis*

1 kg Rahnen (Rote Bete), vorgegart, geschält und in schmale Stifte geschnitten
**Sud:** je ¼ l trockener Rotwein und Rotweinessig, 3 EL Zucker, 2 EL Schalottenwürfel, je 1 EL Johannisbeerlikör (Cassis) und Orangensaft, 1 TL Kräutersalz, 1 Stück Ingwer (etwa 2 cm lang, klein gehackt), 2 Lorbeerblätter

- Sud mischen und aufkochen
- Rahnenstifte in Gläser schichten, Sud handwarm darübergießen
- Mindestens 1–2 Tage durchziehen lassen

### DAS SCHMECKT AUCH …

Sie können mit diesem Rezept ebenso gut andere Gemüsesorten einlegen: Tomatenpaprika, Maiskölbchen, Blumenkohl, Sellerie, Fenchel oder Kohlrabi.
Auch Obst schmeckt gut – dann natürlich ohne Salzzugabe! Wie wäre es mit Birnen oder Melonen, Pfirsichen, Aprikosen, Kirschen, Äpfeln oder Pflaumen? Oder Beeren? Alles ist möglich!

## SENF-HONIG-GURKEN

*Die feinen Gourmetgurken*

1–2 große Salatgurken, geschält, halbiert, ohne Kerne, in 0,5–1 cm dicken Scheiben
1 Lorbeerblatt
1 Stück Zimtstange, 2 cm lang
2 EL Senfkörner
je ½ TL Pfefferkörner, Dillsamen, Fenchelsamen und Pimentkörner
**Sud:** 1 l Wasser, ¼ l milder heller Essig, 2 EL Honig

- Sud mischen und aufkochen
- Gurkenstücke dazugeben, 24 Stunden kühl stellen
- Gurken herausnehmen, in Gläser schichten
- Gewürze zum Sud geben, erneut aufkochen
- Handwarm über die Gurken gießen
- Mindestens 2 Tage durchziehen lassen

## SCHARF-SAURER KÜRBIS

*Tolle Beilage zu Kartoffeln und Kurzgebratenem*

1 kg Kürbisfleisch, klein gewürfelt
**Sud:** je ½ l feiner heller Essig und Wasser, 150 g brauner Zucker, 2 EL Chiliflocken, je 1 EL Kräutersalz und Estragonblättchen, fein geschnittenes Fleisch von ½ Orange

- Zutaten des Suds mischen, aufkochen
- Kürbiswürfel im Sud aufkochen, Kürbis herausnehmen, in Gläser schichten
- Sud handwarm darübergießen
- Mindestens 1–2 Tage durchziehen lassen

### DAS SCHMECKT AUCH …

Möhren, Sellerie, Fenchel, Tomaten, Spargel, Brokkoli oder Zucchini können Sie auf die gleiche Weise scharf-sauer einlegen.

### SALAT MIT SÜSSSAUREN RAHNEN

Je 4 eingelegte Rahnen (siehe Rezept links) und gekochte Kartoffeln grob reiben, 2 Frühlingszwiebeln und ½ Apfel fein schneiden.
Mit einem Dressing vermischen, bestehend aus: 4 EL Naturjoghurt, 2 EL Balsamico-Essig, 1 EL Olivenöl, je 1 TL gekörnter Brühe, Thymian sowie Karamellsauce, ½ TL Senf, Salz und Pfeffer.

**TEE UND SAFT INS EINMACHGLAS?**
Ja, unbedingt! Mit Tee und Säften können Sie wunderbare Nuancen in Ihre Rezepte zaubern, egal ob sie damit einkochen, räuchern, dämpfen, garen, pochieren und backen. Mischen Sie fünf Teile Tee auf einen Teil Saft, dazu einen Hauch einer dritten feinen Note. Mischungen, die besonders harmonieren, sind:

- zu Spargel: Fencheltee mit Honig und Limettensaft
- zu Mangold: Grüner Tee mit Kerbel und Quittensaft
- zu Brokkoli: Schwarztee mit Mandeln und etwas Aprikosensaft
- zu Chinakohl: Grüner Tee mit Estragon und Feigensaft
- zu Blumenkohl: Weißer Tee mit Mandeln und Traubensaft
- zu Mais: Quittentee mit Safran und Zitronensaft
- zu Meerrettich: Beerentee mit Vanille und Johannisbeersaft
- zu Lachs: Roiboos-Tee mit Senfsaat und Zwiebelsaft
- zu Forelle: Grüner Tee mit Pfefferschrot und Apfelsaft
- zu Lamm: Minztee mit Knoblauch und Orangensaft
- zu Birnen: Melissentee mit Zimt und etwas Karamellsirup
- zu Mirabellen: Früchtetee mit Anis und Mangosaft

## MIXED PICKLES

*Indischer Import aus englischen Kolonialzeiten*

je 1 Handvoll kleine Gurkenstücke, Perlzwiebeln, grüne Bohnen in Stücke, junge Maiskolben, Blumenkohlröschen, Möhrenscheibchen, kurze Selleriestangen, Streifen von roten und gelben Paprika
*Sud:* je ½ l heller Essig und trockener Weißwein, je 1 EL fein geriebener Ingwer, Meersalz, grob gehackte Kapern, fein gerebelte Minze, Kurkuma, Senfkörner, Honig und Estragonblättchen,
je 1 TL Schwarzkümmel, Pfefferschrot und zerdrückter Knoblauch, je 4 Nelken und Pimentkörner, 1 Lorbeerblatt, 1 Stück Zimtstange (etwa 2 cm lang), je 1 Schuss Tabasco und Worcestershire-Sauce

- Sud mischen, aufkochen
- Gemüse dazugeben, 5 min köcheln lassen, 24 Stunden kühl stellen
- Gemüse herausnehmen, in Gläser schichten
- Sud erneut aufkochen, heiß über das Gemüse gießen
- Mindestens 1 Woche durchziehen lassen

**KULINARISCHE EXPERIMENTE**
Auch bei sauer Eingelegtem sollten Sie nach Lust und Laune ausprobieren – es müssen nicht immer nur Zwiebeln, Dill und Senfsaat sein. Trauen Sie sich ruhig auch einmal, eine aufgeschnittene halbe Aprikose, eine Lavendelblüte oder ein Stückchen Chili mit ins Glas zu legen. Sie werden staunen, welch wunderbare Geschmacksvielfalt mit nur wenig anderen Zutaten dabei zustande kommt.

*Gemüse schnippeln für das Einmachglas.*

## HONIGMELONE AUS DEM GLAS

*Exotisch lecker*

1 Honigmelone, von Schale und Kernen befreit, klein geschnitten
**Sud:** ¾ l Wasser, ¼ l Obstessig, 500 g Zucker, je ½ TL Salz und Zimt, je 3–4 Gewürznelken und Wacholderbeeren

- Sud mischen, aufkochen, dann abkühlen lassen
- Melonenstücke in den Sud geben, 5 min köcheln lassen, alles 24 Stunden kühl stellen
- Melone samt Sud in Gläser geben, luftdicht verschließen
- Mindestens 2 Tage durchziehen lassen

## TSUKEMONO

*Japanisches Salzgemüse, zu Reis oder Kartoffeln*

je 1 Handvoll Rettich, Möhren, Chinakohl und Gurken, fein geraspelt
**Sud:** je ¼ l Wasser, Sake und Reisessig, je 4 EL Sojasauce und Lauchröllchen, 2 EL Salz, 1 EL brauner Zucker, je 1 TL Misopaste, abgeriebene Limettenschale, fein geriebener Ingwer und grüne Pfefferkörner

- Sud mischen und aufkochen, etwas abkühlen lassen
- Gemüse einschichten, mit dem Sud begießen, sodass alles gut bedeckt ist
- Mindestens 4 Wochen durchziehen lassen

## PIKANTE PAPRIKA-CHILI-STREIFEN

*Lecker auf Brot mit Frischkäse*

6 Handvoll rote, grüne und gelbe Paprikastreifen
je 1 rote Zwiebel und Chilischote, in feine Streifen geschnitten
**Sud:** je ¼ l Wasser und Apfelessig, 2 EL Salz, je 1 EL brauner Zucker und Sojasauce, 1 TL Pfefferschrot

- Sud mischen und aufkochen, etwas abkühlen lassen
- Gemüse einschichten, mit dem Sud begießen, sodass alles gut bedeckt ist
- Mindestens 1 Woche durchziehen lassen

### SÜSSSAUER EINGELEGTE BRATHERINGE

*Katerfrühstück und mehr*

10–12 grüne Heringe, gesäubert und ausgenommen
je 4–6 EL Mehl und Öl zum Braten
Salz und Pfeffer
**Sud:** je 1 l feiner Essig, trockener Weißwein und Wasser, 3 fein gehackte Zwiebeln, je ½ Tasse Zucker und Honig, 4 Lorbeerblätter, 1 EL zerdrückte bunte Pfefferkörner, je 1 TL Salz und Wacholderbeeren

- Sud mischen, erhitzen und abkühlen lassen, bis er lauwarm ist
- Heringe innen und außen trocken tupfen, salzen und pfeffern
- In Mehl wälzen und im Öl durchbraten, noch lauwarm in Gefäße schichten
- Heringe mit dem lauwarmen Sud begießen, abdecken, kühl stellen
- Vor dem Genießen mindestens 2 Tage durchziehen lassen

### FISCHERS FEINE FORELLEN

*Fürs Sonntagsfrühstück und fürs Samstagsabendessen*

12 Forellenfilets, geräuchert
**Sud:** 1 l Wasser, je 2–3 Pimentkörner und Wacholderbeeren, 1 Rosmarinzweig, 1 TL Salz, ½ TL Pfefferkörner

- Sud mischen, aufkochen und auskühlen lassen
- Filets damit begießen und mindestens 1 Tag durchziehen lassen

### CHILI-AUSTERN

*Scharf und edel*

8–12 Austern
**Sud:** ¾ l Wasser, ¼ l Weißwein, 2 EL Schalottenwürfel, 1 TL Meersalz, ½ TL Cayennepfeffer, frische rote fein gewürfelte Chilischote

- Austern öffnen und auslösen, kurz mit kochendem Wasser überbrühen und 10 min ziehen lassen
- Austern herausnehmen, das Wasser für den Sud nehmen
- Die Zutaten für den Sud mischen, aufkochen und etwas abkühlen lassen
- Austern einlegen, 6–12 Stunden ziehen lassen

Soleier.

## SOLEIER

*Ein Relikt aus dem Hungerturm*

12 Eier, hart gekocht, die Schale ringsherum angeschlagen
**Sud:** je ½ l Wasser und trockener Weißwein, 2 EL Salz, je 1 TL Kümmel, Honig, Pfeffer- und Pimentkörner, Senfsaat und Zwiebelwürfelchen, 1 Handvoll Zwiebelschalen für eine zarte Marmorierung

- Eier in ein Gefäß einschichten
- Sud aufkochen und abgekühlt über die Eier gießen
- Vor dem Verzehr 2–3 Tage durchziehen lassen

**SO SCHMECKT DAS SOLEI BESONDERS GUT**

- Solei pellen und halbieren, Dotter im Ganzen vorsichtig herausnehmen
- Dottermulde mit Pfeffer und wenigen Tropfen Essig und Öl würzen
- Dotter aufsetzen, einen Tupfer Senf draufgeben – und mit einem Happs in den Mund!

## KRÄUTER-EIER

*Feines für den Frühstückstisch*

10 Eier, hart gekocht und gepellt
**Sud:** je ½ l trockener Weißwein und weißer Balsamico-Essig, ½ Lauchstange in Röllchen, je 3 EL glatte Petersilie, Kerbel, Schnittlauch, Dill, Estragon und Majoran, 2 EL brauner Zucker, je 1 EL Ahornsirup und grüne Pfefferkörner, 1 TL abgeriebene Limettenschale, 2 fein gehackte Salbeiblättchen, 1 Lorbeerblatt, je 1 Thymian- und Rosmarinstängel

- Sud mischen, einmal aufkochen, abkühlen lassen
- Eier einschichten, mit dem abgekühlten Sud begießen
- 2–3 Tage durchziehen lassen

**DAS SCHMECKT AUCH …**

So variieren Sie ganz einfach: Reduzieren Sie die Kräutermenge, d.h. nehmen Sie nur zwei Sorten Kräuter und jeweils die Hälfte der angegebenen Menge. Fügen Sie dann folgende Zutaten hinzu:
**Scharfe Eier:** 4 EL feine rote Chilischotenwürfelchen
**Asia-Eier:** 2 EL Sojasauce und je 1 EL Kreuzkümmel, geriebener Ingwer und Senfkörner
**Mit sanfter Kümmelnote:** 1 EL Kümmel

*Molke schmeckt pur, mit Früchten oder als Molke-Früchte.*

## MOLKE-FRÜCHTE

*Fein säuerlich*

1 kg Früchte, z.B. Pflaumen, Mirabellen, Kirschen, Aprikosen oder Birnen, gegebenenfalls entkernt, in Stücke geschnitten
1 l Molke
1 TL Vanillezucker
1 Msp. Zimt

- Früchte in Gläser füllen
- Molke, Zucker und Zimt mischen und über die Früchte gießen
- Mindestens 2 Wochen durchziehen lassen

### DAS SCHMECKT AUCH ...

Sie können auch Salz-Früchte ausprobieren. Dazu wird das Obst mit einer 3 %igen Lake (30 g Salz auf 1 l Wasser) eingelegt. Oder bereiten Sie das Rezept mit Oliven oder Kapern zu.

### WAS IST MOLKE?

Molke, auch Käsewasser, Sirte oder Schotte genannt, nennt man die wässrige, gelbliche Flüssigkeit, die bei der Käseherstellung entsteht – nämlich dann, wenn sich die festen Bestandteile (der Bruch) von den flüssigen Bestandteilen der Milch trennen. Molke ist der flüssige Teil der Milch. Er besteht zu etwa 94 % aus Wasser und 4–5 % Milchzucker und ist so gut wie fettfrei. Molke enthält unter anderem Vitamine, Kalium, Calcium und Phosphor. Gießen Sie sie nicht weg, dafür ist sie viel zu wertvoll! Sie können sie trinken, z.B. mit Orangensaft gemischt, oder zu Salatsaucen, Brot oder feinen Dips weiterverarbeiten. Zudem ist Molke ein wahrer Schönmacher: einfach zum Badewasser geben oder als Gesichtskompresse auflegen – himmlisch!

## EINGEMACHTE LIMETTEN

*Fein zu Kurzgebratenem aller Art*

1 kg Limetten
20 g Meersalz
2 Lorbeerblätter
1 TL Pfefferkörner
kochendes Wasser zum Aufgießen

- Limetten mit heißem Wasser abbürsten, abtrocknen, kreuzweise einritzen, Schnittstellen mit Salz bestreuen, in Gläser schichten
- Gewürze und übrig gebliebenes Salz hinzugeben, mit kochendem Wasser auffüllen, sodass alles bedeckt ist
- Mindestens 3 Wochen durchziehen lassen

## THYMIAN-SALZ-ZITRONEN

*Orientalische Beilage zu Couscous, Lamm und Salat*

4 Zitronen
kochendes Wasser zum Aufgießen
**Sud:** Saft von 4 Zitronen, 4 schwache EL Salz, 1 EL Olivenöl, je 1 TL Pfefferschrot und Thymianblättchen, 1 zerbröseltes Lorbeerblatt

- Sud mischen
- Zitronen mit heißem Wasser abbürsten, abtrocknen, achteln und mit dem Sud mischen
- Alles einschichten und mit kochendem Wasser aufgießen, sodass alle Teile gedeckt sind
- Mindestens 4 Wochen durchziehen lassen

## PILZE IM ROTWEIN-SUD

*Mit leckeren Aromen und feiner Weinnote*

1 kg Pilze, z.B. Champignons, Steinpilze, Pfifferlinge, Maronen – auch gemischt, geputzt und halbiert
**Sud:** je 100 ml trockener Rotwein und Balsamico-Essig, je 2 fein gehackte Knoblauchzehen und rote Chilischoten, 4 EL fein gehackte Basilikumblättchen, je 2 EL fein gehackte Salbeiblättchen und Rosmarin, 1 EL Malz, je 1 TL Olivenöl, Salz und Pfefferschrot

- Sud mischen und aufkochen
- Pilze dazugeben und 2 min simmern lassen
- Pilze herausnehmen, einschichten
- Sud handwarm über die Pilze gießen
- Mindestens 2–3 Tage durchziehen lassen

### GUT ZU WISSEN

- Essig muss eine Säure von 4 % haben, sonst verliert er seine konservierende Wirkung
- Kommen die Konservierer Salz und Zucker dazu, kann man Wasser und Essig 1:1 mischen
- Bei Alkohol funktioniert das Konservieren ab 38 % Vol.

# Essig selbst machen

Selbst gemachter Essig schmeckt besonders aromatisch, daher darf er in diesem Buch nicht fehlen! Darin können Sie Gürkchen ebenso einlegen wie Kürbis, Saucen verfeinern und Salatdressings anrühren. Bei den Geschmacksrichtungen sind keinerlei Grenzen gesetzt.

*Essig ist ganz einfach selbst gemacht.*

Essig entsteht ganz natürlich, wenn beispielsweise Saft oder Wein längere Zeit offen stehen bleibt. Mithilfe von Essigkulturen und Sauerstoff bauen sich Bakterien ab und verwandeln den enthaltenen oder entstehenden Alkohol in Essigsäure. Beim Gelingen helfen Wärme, Zucker und ein Stück Graubrot – dies alles kurbelt den Umwandlungsprozess an. Mit viel Glück entsteht dabei auch eine Essigmutter. Das ist eine gallerte Masse, die für viele weitere Essigansätze nützlich ist, da sie die sogenannte Veressigung beschleunigt. Sie mag zwar komisch aussehen, ist aber vollkommen harmlos und selbstverständlich essbar. Sie können sie immer wieder für neue Essigkreationen verwenden. Dafür einfach die Essigmutter teilen und einen neuen Essig damit ansetzen.

## EINFACHER FRUCHTESSIG

*Grundrezept: Leicht zu machen und sehr aromatisch*

500 g frische Zutaten wie Apfel, Mango oder Himbeeren, Blüten und Kräuter
½ l stilles Mineralwasser oder abgekochtes und abgekühltes Leitungswasser oder Wein, Cidre, Molke, Malzbier usw.
1 Tasse Zucker
1 Krumen Graubrot

- Obst pürieren und passieren
- Mit Flüssigkeit und Zucker mischen und abfüllen
- Brot dazugeben
- Luftig abgedeckt warm stellen, z.B. auf die Heizung, und gären lassen
- Nach 1 Woche Brot wieder herausnehmen
- Bis zu 6 Monate stehen lassen

### ESSIG AROMATISIEREN

Es gibt zwei Arten, Essig zu aromatisieren: entweder als Ansatzessig durch den Zusatz von Gewürzen, Kräutern u.Ä. bereits vor dem Gären oder als Zusatzessig mit Beigaben nach dem Gären. Der Fantasie sind dabei kaum Grenzen gesetzt: Balsamico-Essig (aus dunklem Saft und braunem Zucker), Bieressig, Blütenessig, Dattelessig, Feigenessig, Estragonessig, Milchessig (mit Molke), Rosenessig, Pflaumenessig, Cidreessig, Kräuteressig, Malzessig (mit Malzextrakt), Metessig (mit Honig), Nussessig, Punschessig (mit Rotwein, Zimt und Vanille), Reisessig (aus vergorenem Reis), Weihnachtsessig (mit Zimt, Nelke und Orange), Rosinenessig usw.

# Milchgesäuertes

*Milchgesäuertes war früher die wichtigste Vitaminquelle für den Winter, denn auf diese Weise Eingelegtes ist reich an Vitamin C und Mineralstoffen. Der Saft des wohl berühmtesten Produkts der Milchsäuregärung, des Sauerkrauts, gilt heute noch als Heilmittel.*

*Rotkraut eignet sich hervorragend für die Haltbarmachung durch Milchsäuregärung.*

Milchgesäuertes kennt jedes Volk auf Erden, von den Südamerikanern, Ägyptern und Chinesen bis zu den Lappen und Sibirern. Es ist das natürlichste biologische Verfahren der Haltbarmachung von Gemüse und war schon in der Antike bekannt.

**WAS IST EIN GÄRTOPF?**

Das ist ein Topf aus glasiertem Ton mit einem tiefen Rand, der den Topf oben wie eine Rinne abschließt. Darin kann Salzlake eingefüllt werden, die einer Verkeimung der eingelegten Speisen entgegenwirkt. Der Topfdeckel liegt obenauf, auf diese Weise kann Gärgas entweichen, der Topf bleibt trotzdem luftdicht verschlossen.

Milchsäuregärung ist ein natürlicher Vorgang, bei dem dem Einlegegut durch die Zugabe von Salz Wasser entzogen wird. Dieser Vorgang wird durch Stampfen des Einlegeguts beschleunigt, der enthaltene Zucker wird dabei in Milchsäure umgewandelt. Dadurch entwickelt sich der typisch säuerliche Geschmack und Geruch, der Name Milchgesäuertes leitet sich davon ab.

Feine Zutaten wie Gewürze, Kräuter, auch Obststückchen oder kleine Mengen Alkoholika geben zusätzliches Aroma. Man kann fast jedes Gemüse milchsäuern, nicht nur das übliche Weißkraut, welches dann irgendwann zu Sauerkraut wird. Sondern auch andere Kohlsorten wie Rotkohl oder Brokkoli, zudem Gurken, Kohlrabi, Bohnen, Möhren, Paprika, Rüben, Pilze, Lauch, Rote Bete, Zucchini oder Zwiebeln sind dafür geeignet.

Die eingelegten Gemüsesorten können kalt oder warm gegessen werden und sind sehr lange haltbar.

**MILCHSAUER IST GESUND, WEIL ES …**

- verdauungsfördernd und -regelnd ist und den Aufbau der Darmflora unterstützt
- vor Magen-Darm-Infektionen schützt und stressbedingten Darmbeschwerden entgegenwirkt
- das Immunsystem ankurbelt und die körpereigene Vitaminbildung unterstützt
- die Aufnahme von Spurenelementen positiv stimuliert
- cholesterinsenkend wirkt und den Blutzuckerspiegel reguliert
- kalorienarm und gleichzeitig sättigend ist

## So geht's

- Gemüse säubern, eventuell schälen und putzen, klein raspeln oder schneiden
- In Steinguttöpfe oder einem speziellen Gärtopf (siehe Kasten Seite 94) lagenweise einstampfen.
- Zwischen jede Lage Salz und eventuell weitere Zutaten, z.B. Gewürze und Kräuter, geben; pro kg Gemüse rechnet man ungefähr 15 g Salz (das ist ein ganz schwach gehäufter Esslöffel)
- So viel stampfen, dass das Gemüse stets vom eigenen Saft gut bedeckt ist, eventuell mit Traubenzucker, Fermentpulver (gefriergetrocknete Milchsäurebakterien), frischer Molke, Buttermilch, saurer Milch, trockenem Wein oder abgekochtem, leicht gesalzenem Wasser nachhelfen
- Gemüse mit einem beschwerten Teller bedecken (Flüssigkeit sollte noch darüber stehen)
- Den Topf möglichst luftdicht abdecken, z.B. mit Alufolie und einem Band
- 1–3 Wochen lang bei 15–22 °C durchgären lassen; je kühler die Umgebungstemperatur, desto länger die Gärzeit
- Eventuell nach den ersten Tagen etwas Druck ablassen und gleich wieder fest verschließen
- Die Gärzeit ist beendet, wenn keine Bläschen mehr aufsteigen, also nichts mehr „brizzelt“
- Weitere Lagerung bei 0–10 °C; nach 2–6 Wochen ist die Reife, bei der sich auch das typische Aroma herausbildet, vollendet
- Angebrochene Vorräte stets wieder fest verschließen, eventuell Lake (siehe Kasten rechts) nachfüllen

**GIB IHM SAURES: DIE LAKE MACHT'S!**

Milchsauer eingelegtes sollte stets gut mit Lake bedeckt sein, damit sich keine Schimmelpilze bilden. Dafür einfach 4 TL Salz, 1 TL Zucker oder Traubenzucker und 1 l abgekochtes und abgekühltes Wasser vermischen und damit die Töpfe und Gläser auffüllen. Für eine gute Säurebildung können Sie auch noch 1–2 EL Milchprodukte wie Molke, Buttermilch, Dickmilch oder Joghurt dazugeben, auch trockener Weißwein ist gut.

*Kinder helfen gern in der Küche – und es schmeckt dann noch viel besser.*

## MILCHSAUER EINGELEGTES
*Grundrezept*

2 Teile Einlegegut, z.B. Kohlsorten, Wurzelgemüse, Sellerie, Lauch, Paprika, Tomaten, Pilze, Oliven, Kapern, Äpfel oder Birnen, Kräuter (auf Wunsch auch gemischt)
1 Teil Salz

- Einlegegut in feine Scheiben hobeln oder in Stücke schneiden
- Lagenweise in ein Behältnis fest hineindrücken
- Zwischen alle Lagen Salz geben
- Falls das Gemüse oder Obst nicht genügend Eigensaft bildet, um gut damit bedeckt zu sein, eventuell noch Lake (siehe Kasten Seite 95) darübergießen
- Beschweren und abdecken
- 1–3 Wochen bei 15–22 °C gären lassen

## SAUERKRAUT
*Der Klassiker*

1 kg Weißkohl (Weißkraut), gehobelt oder geschnitten
15 g Salz
1 TL Traubenzucker
je 4–6 Wacholderbeeren, Pfeffer- und Pimentkörner, zerdrückt
2 Nelken

- Salz, Zucker und Gewürze mischen
- Kraut lagenweise in einen Tontopf einstampfen, jede Lage salzen und würzen, eventuell noch Lake (siehe Kasten Seite 95) darübergießen
- Beschweren und abdecken
- 1–3 Wochen bei 15–22 °C gären lassen

### DAS SCHMECKT AUCH …

Verfeinern Sie das Sauerkraut-Rezept mit folgenden Zutaten:

**Wein- oder Champagnerkraut:** ¼ l trockener Wein oder Champagner

**Apfel-Sauerkraut:** 1–2 Handvoll Apfelschnitze

**Honigkraut:** je 1 TL Honig und abgeriebene Limettenschale

**Olivenkraut:** 1 Handvoll Oliven, je 1 EL Grappa und zerdrückter Knoblauch

**Aprikosenkraut:** 2–3 fein geriebene Aprikosen und 1 TL Honig

**Weihnachtliche Beilage:** 2 EL Pflaumenmus, je 1 Msp. Nelke und Vanille

**Beeren-Rotkraut:** Rot- statt Weißkohl, 1 Handvoll frische dunkle Beeren

## KIMCHI

*In Asien ein Gericht für jeden Tag*

1 kg Chinakohl, klein geschnitten
je ½ Gurke und Lauchstange, geraspelt bzw. klein geschnitten
1 weißer Rettich, geraspelt
1 EL Salz
je 1 TL Honig, Sojasauce und fein geriebener Ingwer
1 Msp. Milchzucker

- Salz und Gewürze mischen
- Gemüse lagenweise in einen Tontopf einstampfen, jede Lage mit der Salzmischung würzen, eventuell noch Lake (siehe Seite 95) darübergießen
- Beschweren und abdecken
- 1–3 Wochen bei 15–22 °C gären lassen

## PFEFFER-MOLKE-BOHNEN

*Scharfe Beilage zu Fleischgerichten*

1 kg grüne Bohnen, klein geschnitten
15 g Salz
100 ml Molke
je 2–3 Wacholderbeeren und Pimentkörner, zerdrückt
je 2 EL rote Chilischoten und Schalotten, fein gewürfelt
1 TL grüne Pfefferkörner

- Salz und Gewürze mischen
- Bohnenstücke lagenweise in einen Tontopf einstampfen, jede Lage mit der Salzmischung würzen
- Molke dazugeben
- Beschweren und abdecken
- 1–3 Wochen bei 15–22 °C gären lassen

## FENCHEL-MÖHRENKRAUT

*Edle Beilage und gute Krankenkost zugleich*

600 g Möhren, geraspelt
400 g Petersilienwurzel, geraspelt
15 g Kräutersalz
je 2 EL Schalottenwürfel und Cointreau
je 1 TL Fenchelsamen, Pfefferschrot, abgeriebene Orangenschale, geriebener Ingwer und Honig

- Schalotten, Cointreau, Salz und Gewürze mischen
- Geraspeltes Gemüse lagenweise in einen Tontopf einstampfen, jede Lage mit der Salzmischung würzen, eventuell noch Lake (siehe Kasten Seite 95) darübergießen
- Gemüse beschweren und abdecken
- 1–3 Wochen bei 15–22 °C gären lassen

**DAS SCHMECKT AUCH …**

Dieses Rezept lässt sich ebenfalls mit Pastinaken oder Steckrüben zubereiten.

**WAS TUN MIT DEM GÄRSAFT?**

Der Gärsaft ist wunderbar als Schönmacher geeignet: Sie können ihn trinken, ins Badewasser geben oder mit Quark und Honig zu einer Gesichtsmaske verrühren. Auch als Saucengrundlage, z.B. für Salatdressings oder Dips, hat er absolute Qualitäten! Zudem kann er als Starter dienen für weitere milchsaure Ansätze.

*Lauch für den Karamell-Schmorlauch – einfach gut.*

## KOHLRABI-KRAUT MIT ÄPFELN

*Gesund und ungewöhnlich*

1 kg Kohlrabi, geraspelt oder klein geschnitten
1 Apfel, geraspelt
15 g Salz
je 1 EL Schalottenwürfel, gehackte glatte Petersilie und Calvados
je 1 TL fein geriebener Meerrettich
je 1 Msp. Vanille- und Traubenzucker, Nelke und Zimt

- Salz, Schalottenwürfel, Petersilie, Calvados, Meerrettich, Zucker und Gewürze mischen
- Kohlrabi und Apfel lagenweise in einen Tontopf einstampfen, jede Lage mit der Salzmischung würzen, eventuell noch Lake (siehe Seite 95) darübergießen
- Einlegegut beschweren und abdecken
- 1–3 Wochen bei 15–22 °C gären lassen

## KRAUT DE LUXE

*Mit Rotwein, Ingwer und Zitronenschale*

je 500 g Rot- und Weißkohl, fein gehobelt
250 g Zwiebeln, gewürfelt
2 Äpfel, gerieben
1 rote Paprika, in feinen Streifen
30 g Salz
½ Glas trockener Rotwein
2 EL Honig
1 EL frisch geriebener Ingwer
je 1 TL abgeriebene Zitronenschale, Senfsaat und Pfefferschrot
je 4 Nelken und Wacholderbeeren, zerdrückt

- Alle Zutaten mischen, in einen Tontopf einstampfen, eventuell noch Lake (siehe Seite 95) darübergießen
- Gemüse beschweren
- Abgedeckt 1–3 Wochen bei 15–22 °C gären lassen

## KRÄUTER-KAPUSTA

*Eine russische Spezialität*

500 g Weißkohl
je 100 g Möhren, Äpfel, Sellerie, Gurken und Paprika, alles geraspelt oder klein geschnitten
1 Lauchstange in Ringen
2 Handvoll gemischte grüne Kräuter
15 g Kräutersalz
je 1 TL Pfefferschrot und zerdrückter Knoblauch

- Kräuter, Salz und Gewürze mischen
- Gemüse lagenweise in einen Tontopf einstampfen, jede Lage mit der Salzmischung bestreuen, eventuell noch Lake (siehe Kasten Seite 95) darübergießen
- Gemüse beschweren und abdecken
- 1–3 Wochen bei 15–22 °C gären lassen

**WEISSER BELAG**

Manchmal entsteht auf milchsauer eingelegtem Gemüse ein weißer Belag. Diese sogenannten Kahmhefen sind unschädlich, sollten aber abgeschöpft werden, da sie den Geschmack der Speisen unangenehm verändern können. Zudem vertilgen sie die zur Konservierung nötigen Milchsäurebakterien.

## KARAMELL-SCHMORLAUCH

*Mit Zwiebeln ebenso gut*

2 Stangen Lauch, in Röllchen (oder 4 große Gemüsezwiebeln, zerkleinert)
je 1 EL Zucker, Joghurt, Rum

- Zucker und Rum im Topf erwärmen, Zucker dabei schmelzen lassen
- Lauch (oder Zwiebeln) darin andünsten, Joghurt dazugeben
- Alles in ein Gefäß einstampfen, eventuell noch Lake (siehe Seite 95) darübergießen
- Gemüse beschweren und abdecken
- 1–3 Wochen bei 15–22 °C gären lassen

**DAS SCHMECKT AUCH …**

Weitere feine Ideen für milchsauer Eingelegtes sind:
**Möhren-Apfelkraut** mit Petersilienwurzel und Ingwer
**Steckrüben** mit Zwiebeln und Lauch
**Rettich-Meerrettich-Kraut** mit Aprikosen und Senfkörnern
**Grüner Spargel** mit Kräutern und Erdbeeren
**Pastinake** mit Steinpilzen, Oliven und Rosmarin
**Bohnen-Paprika-Pilze** mit Bohnenkraut und Cocktailtomaten
**Sherry-Schmorzwiebeln** mit Pflaumen und Knoblauch
**Pastinaken-Kürbis-Kraut** mit Rauchsalz und Amaretto

**WENN DAS GÄREN MAL NICHT RICHTIG KLAPPT**

Fehlgärungen kommen hin und wieder vor. Das kann passieren:
**Das Gemüse ist zu weich:** Es hat zu lange oder zu stark gegärt, ist aber trotzdem essbar.
**Im Topf riecht es schlecht:** Es haben sich Fremdkeime entwickelt, bitte alles wegwerfen.
**Es bildet sich Schaum:** Den Schaum abschöpfen und entsorgen, das Einlegegut können Sie trotzdem essen.
**Es schmeckt komisch, etwa schimmelig oder auf andere Weise nicht typisch:** Bitte alles wegwerfen.

## ROTE-BETE-KRAUT MIT BIRNEN

*Ungewöhnlich und gesund*

1 kg Rote Bete, geraspelt
1 Birne, geraspelt
15 g Salz
je 2 EL gehackte glatte Petersilie, Schalottenwürfel und Whiskey
je 1 EL Senfsaat und fein geriebener Meerrettich
je 1 Msp. Vanille- und Traubenzucker, gemahlene Nelken und Zimt

- Petersilie, Schalottenwürfel, Whiskey, Salz, Zucker und Gewürze mischen
- Rote Bete und Birne lagenweise in einen Tontopf einstampfen, jede Lage mit der Salzmischung würzen, eventuell noch Lake (siehe Kasten Seite 95) darübergießen
- Beschweren und abdecken
- 1–3 Wochen bei 15–22 °C gären lassen

# Selbst gemachtes Würzsalz

Mit Salz konservieren ist eine uralte und bis heute beliebte Methode. Das Einlegen von Gemüse, Obst, Fleisch oder Fisch in eine milde Salzlake wurde auf den vorangegangenen Seiten ausführlich beschrieben. Verwenden Sie dabei selbst gemachte Salzmischungen oder Würzpasten, können Sie sich auf ganz individuelle Kreationen freuen.

*Kräutersalz ist ganz easy selbst gemacht.*

## EASY-SALZ

*Grundrezept: Schnell und kinderleicht gemacht*

je nach Geschmack frisch gehackte Kräuter, gepresste Knoblauchzehen, fein geriebener Ingwer, gehobelter Trüffel, abgeriebene Limetten- oder Orangenschale, Chiliwürfelchen, essbare Blüten wie Lavendel oder Rose, Tannennadeln
Salz

- Eine dünne Lage Salz zuunterst in ein Gefäß geben, dann abwechselnd mit der gewählten aromatischen Zutat schichten, mit Salz beginnen und enden
- Gefäß luftig abdecken, d.h. entweder den Deckel lose darauflegen oder ein Tuch bzw. eine Serviette darüberdecken und mit einem Band befestigen, so kann die Feuchtigkeit entweichen
- Erst wenn alles trocken ist, Behälter fest verschließen

**SALZIG ODER SÜSS?**
Mit vielen Würzkreationen lassen sich sowohl Salz als auch Zucker aromatisieren.

### VANILLE-CHILI-WÜRZ-SALZ

*Feine Mischung für dunkle Saucen und Wildgerichte*

je 1 ausgekratzte Vanilleschote, zerbröselte Zimtstange und klein geschnittene rote Chilischote
1 EL abgeriebene Limetten- oder Orangenschale
Salz

- Die Gewürze zusammen mit dem Salz in ein Glas geben, luftig mit einem Tuch oder einer Serviette abdecken und mit Schnur oder einem Gummiband befestigen, an einen trockenen Ort stellen
- 2–3 Wochen durchziehen lassen, dann erst fest verschließen

### MEERSALZ-LIEBSTÖCKEL-PASTE

*Für Maggiliebhaber und ohne Zusatzstoffe*

je 1 Tomate und rote Paprika, in der Küchenmaschine zerkleinert
je 1 Handvoll Liebstöckel, Staudensellerie, Möhren, Champignons und Zwiebeln, in der Küchenmaschine zerkleinert
½ Glas Weißwein
2 EL geriebener Parmesan
1 EL Olivenöl
Meersalz

- Gemüse mit Wein und Olivenöl mischen, alles pürieren
- Parmesan zugeben
- Die Mischung wiegen und ⅕ der Menge an Salz zugeben
- In verschließbare Gläser füllen

**DAS SCHMECKT AUCH ...**
Mit 4 EL geriebenem Parmesan zusätzlich bekommt die Paste eine feine Käsenote.

### SALZPASTE ITALIANA

*Universell einsetzbar vom Dip bis zum Gulasch*

300 g pürierte Mischung aus Knoblauch, Zwiebeln, Schnittlauch, Lauch, Salbei, Basilikum, Oregano, Thymian, Liebstöckel, Rosmarin und Majoran
100 g Salz

- Alles gut vermengen und in verschließbare Gläser füllen

**WIE VIEL SALZ AM TAG?**
Die Deutsche Gesellschaft für Ernährung (DGE) empfiehlt Erwachsenen, nicht mehr als 6 g Salz pro Tag zu sich zu nehmen, für Kinder sind 3 g die Obergrenze.

**SALZPASTEN DOSIEREN**
Die Pasten sind sehr salzhaltig, gehen Sie damit stets sparsam um. Wenn Sie mit ihnen einsalzen wollen, können Sie die im Rezept angegebene Menge an normalem Salz durch die Paste ersetzen. Bei Bedarf können Sie dann noch etwas nachsalzen. Die Pasten passen außerdem wunderbar zu Suppen, Ragouts, Saucen, Dips und Quark, also überall dort, wo man sowieso zu etwas Salz greift. Aber die Pasten liefern zusätzliches Aroma. Salzpasten und Würzsalz sind auch ungekühlt jahrelang haltbar.

*Frisch geriebener Parmesan – für die besondere Käsenote.*

# In Öl Eingelegtes

*In Öl eingelegte Leckereien erinnern an Italien oder Griechenland, Sonne und Urlaub! Und egal, ob Sie Käse oder Gemüse, Pilze oder Kräuter auf köstlichste Weise verfeinern möchten – in Öl wird alles ganz besonders aromatisch.*

**GESUNDE ÖLE**
Pflanzenöle gehörten bereits in der Antike zur guten Küche. Kein Wunder, sie sind reich an ungesättigten Fettsäuren und Vitaminen. Und in Maßen verwendet sind sie keineswegs Dickmacher!

In Öl einlegen ist keine ganz echte Konservierungsmethode, das Eingelegte wird dabei lediglich luftdicht umschlossen und daher vor der Zersetzung bewahrt. Gemüse beispielsweise muss deswegen teilweise vorher gekocht und anschließend eventuell noch sauer oder salzig mariniert werden.

Kaufen Sie fürs Einlegen nur Öl in guter Qualität, es muss einwandfrei und darf nicht ranzig sein. Sie haben eine große Auswahl. Manche Öle haben einen besonderen Eigengeschmack, besonders Nussöle. Walnussöl ist bei Feinschmeckern ganz oben auf der Hitliste, ebenso Trauben- und Kürbiskernöl. Auch Sesamöl schmeckt intensiv und findet gern Verwendung in der Asia-Küche. Olivenöl hat einen starken Eigengeschmack und steht wie kaum ein anderes für die allseits beliebte Mittelmeerküche. Haselnussöl wird gern für Speisen mit leicht süßlicher Note verwendet. Rapsöl gilt geschmacklich eher als neutral, ebenso Sonnenblumen-, Distel- und Maiskeimöl. Aber das ist Geschmackssache, manche behaupten, auch diese Öle hätten einen leichten Eigengeschmack. Probieren Sie es einfach selbst aus!

Das Öl kann kalt oder erwärmt (maximal 85 °C, beim Einlegen von Käse nur lauwarm) über das Eingelegte gegossen werden. Die Haltbarkeit der eingelegten Leckereien ist begrenzt auf ungefähr zwei bis vier Wochen.

*Probieren Sie aus, welches Öl Ihnen in welcher Kombination am besten schmeckt.*

## CHILI-KRÄUTER-MOZZARELLA

*Der etwas andere Snack*

4 Päckchen kleine Mozzarella-Kugeln, gut abgetropft
je 4 EL fein gewürfelte rote Chilischoten und zerdrückte Knoblauchzehen
je 1 EL rosa Pfefferbeeren, Rosmarin, Salbei, Basilikum und Oregano
1 TL Salz
1 Msp. Schabzigerklee
ausreichend Öl

- Chili, Knoblauch und alle Gewürze gut mischen
- Mozzarella-Kugeln in ein Gefäß schichten, Würzmischung darübergeben
- Mit Öl begießen, sodass der Inhalt komplett bedeckt ist

**DAS SCHMECKT AUCH …**

Wunderbare Kombinationen sind:
Orangen in Zimt-Rum-Honig-Öl
Fetakäse im Meerrettich-Senf-Birnen-Öl
Spargel im Chili-Honig-Limetten-Sud
Möhren im Basilikum-Zitronen-Sud mit Vanille

## HONIG-OLIVEN

*Feines fürs Buffet*

2–3 Handvoll schwarze Oliven, gut abgetropft
150 g Olivenöl
3 EL dunkler Balsamico-Essig
Saft und abgeriebene Schale von 1 Orange
je 1 EL Honig, Chiliflocken, fein gehackter Rosmarin und zerdrückter Knoblauch
1 TL Salz

- Oliven in ein Glas geben
- Alle weiteren Zutaten mischen und über die Oliven gießen, sie müssen gut bedeckt sein, eventuell noch Öl nachgießen
- Vor dem Genießen mindestens 3–4 Tage durchziehen lassen

## ANTIPASTI IN ÖL

*Bella Italia lässt grüßen*

6–8 Handvoll Gemüse, wie kleine Champignons, rote, grüne und gelbe Paprikaschoten, Zucchini, Auberginen und Möhren (jeweils in dünnen Scheiben)
4 Knoblauchzehen, zerdrückt
4 EL Balsamico-Essig
je 2 EL fein gehackter Rosmarin, glatte Petersilie und Salbei
je 1 TL Salz, Pfefferschrot und Honig
ausreichend Öl
etwas Olivenöl zum Anbraten

- Paprika an einigen Stellen mit einem Messer einritzen, im Backofen 10 min grillen, Haut abziehen und in Streifen schneiden
- Restliches Gemüse und Knoblauch in etwas Olivenöl bräunen
- Kräuter, Gewürze, Essig und Honig dazugeben
- Alle Gemüsesorten mit Sud einschichten
- Öl darübergießen, sodass alles bedeckt ist
- Vor dem Genießen mindestens 1 Tag durchziehen lassen

*Champignons in Öl.*

## POMODORI SOTT'OLIO

*Ein ur-italienisches Rezept*

2 Handvoll getrocknete Tomaten
6 Knoblauchzehen, zerdrückt
1 großes Bund Basilikum
je 1 TL Thymian- und Salbeiblättchen
ausreichend Olivenöl

- Knoblauch und Kräuter in etwas Olivenöl andünsten, abkühlen lassen
- Tomaten dazugeben, alles in ein Gefäß einschichten
- Eine ausreichende Menge Öl darübergießen, bis alles bedeckt ist
- Vor dem Verzehr mindestens 2 Tage durchziehen lassen

## PILZE IN ÖL

*Feine Beilage zu Kurzgebratenem*

500 g Champignons, geviertelt
1 Knoblauchzehe, zerdrückt
je 1 Glas Weißwein und feiner heller Essig
1 EL Schalottenwürfelchen
je 1 TL Salz und Thymianblättchen
je 1 Msp. Pfefferschrot und abgeriebene Limettenschale
ausreichend Öl

- Wein und Essig mischen und erhitzen, Pilze darin 3 min bei milder Hitze kochen
- Pilze mit Sud in Gläser füllen
- Knoblauch, Schalotten und Gewürze dazugeben
- Mit Öl begießen, sodass der Inhalt komplett bedeckt ist

## APFEL-KÜRBIS

*Klassische Allianz in Öl*

je 300 g säuerliche Äpfel (in Schnitzen) und Kürbis (gewürfelt)
je 3 Nelken und Pimentkörner
je 2 EL weißer Balsamico-Essig und Limettensaft
je 1 TL Ingwer, Malzextrakt, Honig und abgeriebene Limettenschale
je ½ TL Salz und Pfefferkörner
ausreichend Öl
etwas Olivenöl zum Anbraten

- Äpfel und Kürbisfleisch in etwas Olivenöl bräunen, salzen und pfeffern
- Alle weiteren Zutaten bis auf das Öl dazugeben und durchmengen
- Alles in Gläser einschichten
- Eine ausreichende Menge Öl darübergießen, sodass alles bedeckt ist
- Vor dem Verzehr mindestens 2 Tage durchziehen lassen

# Feine Würzöle

Es ist kinderleicht, in der eigenen Küche Öle mit feinwürzigen Aromen selber zu machen. Ob Sie diese dann zum Einlegen, zum Braten oder als Grundlage für leckere Salatdressings verwenden, ist dabei völlig einerlei – sie eignen sich für unzählige kulinarische Kreationen.

*Knoblauch, Kräuter oder Chili sind hervorragende Aromalieferanten für feine Öle.*

Sie können nach Lust und Laune experimentieren und sich Ölvarianten zusammenstellen, die Sie in keinem Laden finden: Bärlauch-Zitronen-Öl beispielsweise, Öl mit Weihnachtsgewürzen, Knoblauch-, Blüten-Orangen-Aroma oder Apfel-Meerrettich-Note. Alles ist möglich!

Achten Sie auf das Mengenverhältnis: etwa 1 Teil Einlagen auf 10 Teile Öl. Sonst kann das Würzöl zu schimmeln beginnen.

**ÖL LÄNGER HALTBAR**

Damit Öl lange haltbar bleibt, sollten Sie ein Fläschchen Antiranz kaufen, ein Konservierungsmittel speziell für Öle. Es verlangsamt den Oxidationsprozess und schützt Öle damit vor dem Ranzigwerden. Man benötigt nur wenige Tropfen (4–6 Tropfen auf 100 ml Öl) und frisch gewonnene und wertvolle Öle werden damit für lange Zeit sicher konserviert.

## AROMATISIERTES ÖL

*Grundrezept: In zwei Wochen fertig*

½ l neutrales Öl, z.B. Maiskeim-, Raps- oder Sonnenblumenöl
***Einlagen:*** z.B. Kräuter (wie Bärlauch, Rosmarin oder Zitronengras), Gewürze (wie Pfeffer, Oregano, Lebkuchengewürz), Gemüse oder Früchte (wie Tomaten, Ingwer, Knoblauch, Kirschen, Aprikosen oder Orangen) und Nüsse

- Öl in eine Flasche füllen, Einlagen dazugeben
- 1–2 Wochen trocken und dunkel stellen, Einlagen herausnehmen oder abfiltern

**DAS SCHMECKT AUCH …**

Probieren Sie ruhig auch einmal etwas so Exotisches wie Kaffeebohnen als Einlage in Öl aus. Kaffeeöl passt gut zu Fisch und Meeresfrüchten.

## ZWIEBELÖL

*Gibt Speisen ohne Aufwand ein feines Aroma*

4 Zwiebeln, geschält und längs zerschnitten
Öl

- Zwiebeln mit 2 EL Öl mischen, auf einem Backblech bei 90 °C für 30 min im Ofen rösten, auskühlen lassen
- Zwiebelmischung in eine Flasche füllen, mit Öl aufgießen
- 1–2 Wochen dunkel stellen und im Öl durchziehen lassen, danach Einlagen herausnehmen oder abfiltern

**ÖLE SELBST PRESSEN**

Es geht ganz einfach, feine Öle selbst zu pressen. Sie benötigen dafür allerdings eine Ölpresse. Für den Hausgebrauch gibt es kleinere Modelle. Günstig sind sie alle nicht, um die 100 Euro müssen Sie schon investieren. Die meisten funktionieren mit Handbetrieb, was aber nicht weiter problematisch ist. Die Handhabung ist denkbar einfach: Nüsse, Samen oder Kerne, wie Kürbiskerne, Wal- oder Haselnüsse werden oben hineingefüllt, dann müssen Sie kurbeln und das unten heraustropfende Öl auffangen.

Ein Schluck Glück:

# SELBST GEMACHTE GETRÄNKE

Apfel- oder Tomatensaft aus dem Garten? Sirup für feine Limonaden? Oder wie zu Großmutters Zeiten einen Likör ansetzen? Das Schöne ist: Sie bestimmen selbst, ob Sie die Getränke pur oder zuckersüß genießen möchten.

# Gesunde Obst- und Gemüsesäfte

*Frisch, fruchtig, lecker – so schmecken selbst gemachte Säfte! Sie sollten aromatisch und am besten lange haltbar sein. Auch aus Gemüse lassen sich hervorragende Säfte gewinnen. Und selbst entsaften ist auch gar nicht schwer.*

Zuerst sollten Sie das Obst oder Gemüse, das zu Saft werden soll, verlesen und säubern, also Schmutz, Erde, kleine Tiere, braune Stellen und Schimmel abwaschen bzw. wegschneiden. Es bietet sich an, größere Obst- und Gemüsesorten zu zerkleinern. Ansonsten kann alles – mit Stumpf und Stiel – in einen Topf gegeben werden. Vorsicht ist allerdings bei größeren Kernen, wie denen von Pfirsichen oder Nektarinen, geboten. Diese sollten Sie aus gesundheitlichen Gründen entfernen. Obstkerne enthalten sogenannte cyanogene Glycoside, die sich im Magen zu Blausäure umwandeln können. Aber keine Sorge bei kleineren Kernen wie von Mirabellen, Aprikosen, Pflaumen oder Kirschen, da kann nichts passieren. Auch bittere Schalen von Zitrusfrüchten sollten Sie entfernen – bis auf einen winzigen Anteil an unbehandelten Schalen als kulinarische Raffinesse. Beerenblätter können in Maßen ruhig dranbleiben, sie spielen in der Hausmedizin wegen ihren wohltuenden Wirkungen eine wichtige Rolle.

Und wagen Sie sich ruhig auch an Gemüse! Saft von Möhren, Tomaten oder Paprika beispielsweise sind reich an Vitaminen und schonend eingekocht gute Begleiter durch die kalte Jahreszeit.

## Kalt entsaften

Beim Kaltentsaften bleiben alle Nährstoffe und Vitamine optimal erhalten, da keine Wärme auf sie einwirkt. Zum sofortigen Trinken ist diese Methode der Saftgewinnung optimal.

**DIE METHODEN IM ÜBERBLICK**

- Früchte oder Gemüse mit Wasser kalt ansetzen und 24 Stunden ziehen lassen, Masse durch ein Tuch gießen und Saft dabei auffangen (siehe auch Kalt entsaften)
- Früchte oder Gemüsestücke weich kochen oder im Dampftopf weich dämpfen, Masse durch ein Tuch gießen und Saft dabei auffangen
- Früchte oder Gemüsestücke im Dampftopf weich dämpfen, Schüssel dabei unter den Siebeinsatz stellen und den Saft direkt auffangen
- Früchte oder Gemüsestücke im Dampfentsafter entsaften und direkt in Flaschen abfüllen

Mischen Sie 1 kg pürierte Früchte, 1 l Wasser und 2 EL Zitronensäure, lassen Sie die Mischung 24 Stunden ziehen, dabei mehrmals umrühren, und sieben danach alles durch ein Tuch ab – fertig! Für längere Haltbarkeit können Sie den gewonnenen Saft noch einkochen: einfach in Flaschen füllen und verschließen, bei 75–80 °C 25 min lang sterilisieren. Werden eingekochte Säfte bei Kellertemperatur und dunkel gelagert, halten sie sich jahrelang. Zum Kaltentsaften eignen sich alle Gemüse-, Beeren- und Obstsorten.

## Entsaften im Topf

Bei dieser Methode kommt von Anfang an Hitze mit ins Spiel, was einerseits der Saftgewinnung, andererseits auch gleich der Haltbarmachung dient. Der Geschmack ist intensiver als beim Kaltentsaften.

Obst- oder Gemüsestücke werden mit oder ohne Zuckerzusatz weich gekocht oder gedämpft und der Saft mithilfe eines Tuches aus der Obst- bzw. Gemüsemasse gepresst. Früher haben die Menschen dafür den Küchenhocker umgedreht und ein Leinentuch an allen vier Beinen so fest daran befestigt, dass in der Mitte der Saft hindurchgegossen und in einem darunter stehenden Topf oder Eimer aufgefangen werden konnte. Das klappt auch heute noch auf diese Weise und ist für große Mengen wunderbar geeignet. Bei kleineren Mengen lässt sich der Saft auch mithilfe eines mit Leinen ausgelegten Siebes auffangen.

Wenn Sie das Obst oder Gemüse mit Zucker gekocht hatten und den daraus gewonnenen Saft nun noch einmal kurz aufkochen, sofort abfüllen und luftdicht verschließen, hält er sich lange. Ohne Zuckersatz müssten die Flaschen zusätzlich bei 75–80 °C 25 min lang sterilisiert werden. Lagern Sie die Säfte bei Kellertemperatur und dunkel, so halten sie sich jahrelang.

*Entsaften – vom Topf in die Flasche.*

## Mit dem Dampfentsafter

Einen Dampfentsafter anzuschaffen lohnt sich nur, wenn Sie größere Mengen verarbeiten wollen. Es gibt im Handel bereits günstige kleine Entsafter mit 26 cm Durchmesser. Die Saftgewinnung damit ist kinderleicht: In den unteren Topf füllen Sie Wasser bis zur Markierung, darauf sitzt der Saftauffangtopf mit einem Schläuchlein daran. Ins Sieb darüber geben Sie die Früchte- oder Gemüsestücke. Mit dem Deckel schließen Sie den Topf, bringen alles zum Kochen und schon bald können Sie den fertigen Saft durch den Schlauch direkt in Flaschen abfüllen und diese dann sofort fest verschließen. So ist der Saft monatelang haltbar. Dieser Vorgang dauert, gerechnet ab dem Kochen der Zutaten, je nach Menge etwa ½–2½ Stunden.

*Lecker, Heidelbeer-Erdbeer-Saft …*

Für alle folgenden Saft-Rezepte gilt: Sie können den Saft wie ab Seite 110 beschrieben gewinnen – es eignen sich alle genannten Methoden.

### RHABARBERSAFT

*Für leckere Schorle*

1 kg Rhabarber
250 g Zucker

### HEIDELBEER-ERDBEER-SAFT

*Für tolle Limonaden*

je 500 g Heidelbeeren und Erdbeeren
200 g Zucker

### DREIERLEI-SAFT

*Gesundheit pur aus dem Glas*

je 1 kg Pflaumen, Brombeeren und Johannisbeeren
400 g Zucker
1 EL Zitronensäure

### APFELSAFT

*Ein Klassiker, der auch heiß schmeckt*

2 kg säuerliche Äpfel
1 Zimtstange
300 g Zucker

### BIRNEN-MELONEN-SAFT

*Milder Geschmack, gut für Weißwein-Bowle*

je 1 kg Birnen und Melonen
200 g Zucker
Schale und Saft von 1 Limette

### MANGO-BIRNEN-APFEL-SAFT

*Lecker mit Vanilleeis als Shake*

je 1 kg Mango, Birnen und Äpfel
300 g Zucker
1 Stängel Zitronengras

*Säfte mit Milch gemischt ergeben coole Shakes.*

## KIRSCH-JOHANNIS-BEER-VANILLE-SAFT

*Mögen kleine Kinder gern*

je 1 kg Kirschen und
rote Johannisbeeren
250 g Zucker
Mark von 1 Vanilleschote

## APRIKOSEN-APFEL-SAFT

*Auch als frischer Smoothie lecker*

je 1 kg Aprikosen und Äpfel
100 g Zucker
1 Zimtstange
Saft von 1 Limette
1 TL abgeriebene Limetten-schale

## RHABARBER-HIMBEER-SAFT

*Süß-säuerlich erfrischend*

1 kg Rhabarber
500 g Himbeeren
300 g Zucker

**DAS SCHMECKT AUCH …**

Geben Sie Rotwein und Limettenstückchen zum Saft sowie ein paar Eiswürfel – und schon können Sie sich eine köstliche Sangria schmecken lassen.

### HOLUNDERBEERENSAFT
*Durstlöscher oder verdünnt als Krankenkost bei Fieber*

2 kg Holunderbeeren
200 g Zucker

### MARONEN-MÖHREN-SAFT
*Mit Esskastanien*

je 500 g Maronen (Esskastanien) und Möhren
1 TL Salz

### GEMÜSESAFT
*Schlemmersaft mit Vitamin-Kick*

je 500 g Möhren, Tomaten, Sellerie und Rote Bete
1 EL Salz

### JOHANNISBEER-SCHLEHEN-SAFT
*Für kalte Tage: heiß genießen!*

je 500 g Schlehen sowie rote und schwarze Johannisbeeren
200 g Zucker
je 1 EL abgeriebene Orangenschale und Vanillezucker

### FEIGEN-MANGOLD-SPINAT-SAFT
*Feinschmeckersaft*

je 1 kg Spinat- und Mangoldblätter
3–4 Feigen
je 1 TL Kräutersalz und abgeriebene Limettenschale

### SCHARFER TOMATEN-PAPRIKA-SAFT
*Milder wird es ohne Chili*

2 kg Tomaten
2 rote Paprika
2–3 kleine rote Chilischoten
1 TL Salz

### 7-KRÄUTER-SAFT
*Powersaft für ein gutes Immunsystem*

je 1,5 kg Möhren und Tomaten
je 5 g frischer Schnittlauch, Basilikum, Petersilie, Oregano, Thymian, Rosmarin und Salbei
je 1 Handvoll Zwiebelwürfel und Ingwerstückchen
2 Knoblauchzehen

**ZUCKER IN DEN SAFT – JA ODER NEIN?**

Das ist Geschmackssache! Manche entsaften grundsätzlich ohne Zucker und süßen den Saft erst direkt vor dem Genuss. Andere halten sich an die Regel: je süßer die Früchte desto weniger Zucker. Als Orientierung kann man sagen:

- Auf 1 kg süße Früchte 60–150 g Zucker dazugeben
- Auf 1 kg saure Früchte 90–250 g Zucker dazugeben
- Für Gelee den Zucker generell weglassen und den fertigen Saft mit Gelierzucker eindicken
- Für Sirupe, die zum Trinken später verdünnt werden sollen, den Zuckeranteil verdreifachen

# Sirup kochen

*Sirup ist eine feine Sache. Egal, ob Sie ihn als Getränkezusatz, Süßungsmittel, Brotaufstrich oder ja, je nach Zutat auch als Medizin verwenden – Sirup ist kinderleicht zu machen. Er ist aufgrund des hohen Zuckergehalts auch ohne Kühlung sehr lange haltbar.*

Bei der Herstellung von Sirup gibt es ganz grob zusammengefasst drei verschiedene Möglichkeiten. Zum einen: mischen, aufkochen und fertig! Zum anderen: kochen, lange ziehen lassen und nochmals kochen. Die dritte Möglichkeit ist: kalt aufsetzen und ziehen lassen, dann erst kochen. Alles ist möglich und sicherlich eine Frage, wie schnell der Sirup fertig sein soll. Eine lange Ziehzeit, egal ob kalt oder warm, intensiviert natürlich den Geschmack.

## SIRUP 1

*Grundrezept: Mischen, aufkochen, fertig!*

250–500 g Beeren oder anderes Obst, Kräuter, Wurzeln, Gewürze o.Ä. (frisch oder in Pulverform)
1,75 kg Flüssiges, z.B. Wasser, Saft oder Tee
325 g Zucker

- Das Flüssige mit dem Zucker mischen und aufkochen
- Beeren, Kräuter o.Ä. einrühren
- In eine dunkle Flasche füllen, verschließen und abkühlen lassen, kühl stellen

## SIRUP 2

*Grundrezept: Kochen, ziehen lassen, nochmals kochen*

500 g Beeren oder anderes Obst, Kräuter, Wurzeln, Gewürze o.Ä. (frisch oder in Pulverform)
100 g Flüssiges, z.B. Wasser, Saft oder Tee
130 g Zucker
eventuell 1–2 TL Zitronensäure

- Beeren, Kräuter o.Ä. mit Wasser, Saft oder Tee aufsetzen und aufkochen lassen
- Die Mischung 3 Tage durchziehen lassen
- Mischung abseihen, z.B. durch einen Papierkaffeefilter oder ein Haushaltstuch
- Sud mit Zucker mischen und erneut aufkochen, auf Wunsch Zitronensäure für mehr Säure hinzufügen
- In eine dunkle Flasche füllen, verschließen und abkühlen lassen, kühl stellen

*Welchen Zucker Sie verwenden, bleibt Ihnen überlassen.*

## SIRUP 3

*Grundrezept: Kalt aufsetzen, ziehen lassen, kochen*

Beeren oder anderes Obst, Kräuter, Wurzeln, Gewürze o.Ä. (frisch oder in Pulverform)
brauner Zucker

- In ein Glas abwechselnd eine Lage Kräuter, Obst und Co. und eine Lage braunen Zucker schichten
- Wiederholen, bis das Glas sehr dicht gefüllt ist
- Glas fest verschließen, 8 Wochen warm stellen, z.B. auf die Heizung, Fensterbank oder den warmen Dachboden
- Mischung durch ein Tuch gießen und Flüssigkeit in einem Topf auffangen
- Kurz aufkochen lassen, in Flaschen füllen, verschließen und abkühlen lassen, kühl stellen

### DAS SCHMECKT AUCH ...

Dieses Rezept klappt auch mit essbaren Blüten wie Lavendel, Rose oder Flieder sowie Gemüse und Gewürzen wie Zimt, Zwiebeln oder Anis. Wie wäre es einmal mit Ingwersirup?

### SIRUP ALS MEDIZIN

Schichten Sie folgende Zutaten im Wechsel mit braunem Zucker in ein Glas und bereiten Sie den Sirup wie unter Grundrezept 3 beschrieben zu:

**Angelikawurzel-Lungenkraut-Sirup bei Asthma:** je 2 EL Angelikawurzeln und Lungenkraut, 1 EL Wacholderbeeren

**Ebereschensirup bei Gicht:** 500 g Ebereschenbeeren

**Huflattichsirup bei Husten:** je 4 EL Rosinen, Feigen, Süßholzwurzel und je 2 EL Huflattich-, Ringelblumen-, Schlüsselblumenblüten, Anis und Ingwer

**Salbeisirup bei Mundgeruch:** je 2 EL Salbei und Rosmarin, 3 Nelken, ½ Zimtstange, 1 Msp. Muskat

**Zitrussirup bei Erkältung:** je 2 Zitronen, Limetten und Orangen, jeweils Saft und abgeriebene Schale

**Zwiebelsirup bei Husten:** 2 Zwiebeln (in kleinen Würfeln), 3 EL geriebenen Rettich

Hugo mit Erdbeeren.

## ORANGENSIRUP

*Passt zu Wild und Ente ebenso wie zu Milchreis*

Schale (ohne weiße Anteile), Fruchtfleisch und Saft von 5 Orangen
Zucker

- Schale, Saft und Fleisch der Orangen erhitzen, bei ganz milder Hitze simmern lassen, bis etwa ¾ der Flüssigkeit verdampft ist
- Masse abwiegen, ¼ der Menge an Zucker dazugeben und rühren, bis er sich vollständig aufgelöst hat
- Masse durch ein Sieb passieren
- Heiß abfüllen, Flaschen fest verschließen, auskühlen lassen, kühl stellen

**DAS SCHMECKT AUCH …**

Mit Tee und Mineralwasser verdünnt und mindestens 2 Stunden kalt gestellt erhalten Sie fein-erfrischende Eistees.

## COLASIRUP

*Für fast authentischen Colagenuss*

300 g Wasser
100 g Zucker
je 2 TL flüssigen Cola-Extrakt oder einige Tropfen Cola-Aroma, Orangen- und Zitronensaft, Karamellcreme und Zitronensäure
je 1 TL Limettensaft und abgeriebene Orangenschale
Mark von 1 Vanilleschote
je 1 Msp. Muskat, Zimt und Koriander

- Alles mischen und aufkochen
- In eine dunkle Flasche füllen, verschließen, kühl stellen

## MILCHSIRUP

*Feine Krankenkost – und jederzeit lecker aufs Brot*

1 l Vollmilch
500 g Zucker
2–3 Nelken
je 1 Sternanis und Zimtstange
Mark von 1 Vanilleschote
2–4 EL Rum

- Milch mit den Gewürzen aufkochen, 1 Stunde simmern lassen
- Anis und Zimtstange herausnehmen, Rum hinzufügen
- Heiß in Flaschen füllen, verschließen, auskühlen lassen, kühl stellen

### HOLUNDERBLÜTENSIRUP

*Hugos Liebling*

10–15 Holunderblütendolden
500 g Zucker
2 l Wasser
1 Zitrone, in dünnen Scheiben
30–35 g Zitronensäure

- Blüten verlesen und mit den Zitronenscheiben in ein großes Gefäß geben
- Abgekochtes Wasser, Zitronensäure und Zucker dazugeben, verrühren und abdecken, 1–2 Tage ziehen lassen
- Mischung durch ein Tuch abgießen, Sirup auffangen und aufkochen
- In Glasfläschchen füllen, verschließen, auf den Kopf stellen und auskühlen lassen, kühl stellen

**DAS SCHMECKT AUCH ...**

Sie können den Sirup noch verfeinern, indem Sie zusätzlich 1 kleine Birne, etwas Ingwer (ca. 2 cm langes Stück) oder 3–4 Erdbeeren dazugeben.

### RÜBENSIRUP

*Feiner Zuckerersatz und beliebter Brotaufstrich*

1 Zuckerrübe, klein gehackt
Wasser

- Die Menge an Rübenschnetzeln abwiegen und mit der 1½ -fachen Menge Wasser bis 70 °C erhitzen
- 1 Stunde simmern lassen
- Rübenfleisch durch ein Tuch abgießen, Wasser dabei auffangen, 6–12 Stunden abtropfen lassen
- Rübensaft auf die Hälfte einkochen, dann abfüllen, verschließen und kühl stellen

### ZITRONEN-BASILIKUM-SIRUP

*Die Kultmischung*

Saft, Schale und Fruchtfleisch von 6 Zitronen
½ Bund Basilikum
400 g Zucker
200 ml Wasser

- Zucker im Wasser erhitzen und darin auflösen
- Zitronenschale, -saft und -fleisch dazugeben, alles zusammen etwa 5 min simmern lassen
- Basilikumblättchen dazugeben, noch einmal 2 min köcheln
- Sirup durch ein Sieb abgießen und heiß in Flaschen abfüllen, verschließen und abkühlen lassen, kühl stellen

**HAPPY HOUR**

Für einen **Hugo** mischen Sie 150 ml Prosecco, 100 ml Mineralwasser, 1 EL Limettensaft und 4 EL Holunderblütensirup. Legen Sie in jedes Glas 1 klein gehacktes Minzeblättchen und Eiswürfel nach Belieben und füllen es mit der Mischung auf.
Möchten Sie einen **Tocco Rosso** zaubern, nehmen Sie statt Mineralwasser und Limettensaft 2 cl Campari.
Kennen Sie **Flink**? Fliederbeersirup, auch Holunderbeersirup genannt, mit Sekt ergibt einen leckeren Aperitif namens Flink!

# Lieblingslimonaden

*Limonade liefert den „Zischeffekt“ schlechthin, wenn man sehr durstig ist. Und es muss keine 0815-Limo sein, sondern es darf gern experimentiert werden. Besonders bei Kindergeburtstagen oder Partys werden Sie für selbst gemachte Limo viel Lob bekommen.*

**DIE MISCHUNG MACHT'S**
Für eine gelungene Limonade geben Sie etwa 1 Teil Limo-Basis auf 4 Teile kohlensäurehaltiges Mineralwasser.

Saft pur schmeckt lecker! Doch es geht noch weiter: Sie können aus Saft Gelees zaubern (wie das geht, lesen Sie auf Seite 75) oder leckere Limonaden. Eine Art Limonade war in der Antike als Trunk auf Wasser-Essig-Basis unter dem Namen „Posca“ populär. Wann die Limonade, wie wir sie heute kennen, entstand, ist unklar. Aber bereits 1688 trank man an den europäischen Adelshöfen Limonaden aus Zitrusfrüchten, Blütenblättern, Beeren, Quitten und gewürztem Wein. Zu den Limonaden gehören heute auch koffeinhaltige Getränke wie Cola und die meisten Energy-Drinks.

Mischen Sie die nachstehenden Limo-Basis-Rezepte einfach mit viel kohlesäurehaltigem Wasser, schon haben Sie frische Limonaden! Geben Sie stets, wie in den Rezepten angegeben, etwas Zitronensäure dazu, so bekommen die Getränke eine säuerliche Note – das ist das eigentliche Geheimnis der Limonade.

*Ein bisschen Orangensaft dazu – genial für heiße Sommertage.*

## LIMO-BASIS ZITRUS

*Erfrischend säuerlich*

je ½ l Wasser und frisch gepresster Zitrussaft (gemischt aus z.B. Orangen, Zitronen und Limetten)
300 g Puderzucker
je 1 TL abgeriebene Orangenschale und Zitronensäure

- Wasser mit Zucker und Orangenschale aufkochen
- Saft und Zitronensäure dazugeben, erneut aufkochen, 1 Stunde ruhen lassen
- Basis durch ein Tuch abgießen, nochmals aufkochen, heiß in Flaschen abfüllen und luftdicht verschließen

## LIMO-BASIS BEEREN

*Eine rote Verführung, die auch in Bowle schmeckt*

je 400 g frische rote Beeren (gemischt aus z.B. Erdbeeren, Johannisbeeren, Heidelbeeren, Himbeeren) und Puderzucker
800 ml Wasser
Mark von 1 Vanilleschote
1 EL Zitronensäure

- Zucker, Wasser und Vanille aufkochen
- Beeren dazugeben, erneut aufkochen, 1 Stunde ruhen lassen
- Basis durch ein Tuch abgießen, nochmals aufkochen, heiß in Flaschen abfüllen und luftdicht verschließen

**DAS SCHMECKT AUCH ...**
Probieren Sie doch mal Apfel-Rosenblüte, Granatapfel-Holunder, Grapefruit-Birne, Erdbeer-Lavendel, Ingwer-Limette-Ananas oder Melone-Orange als Limo-Basis. Ersetzen Sie jeweils zu gleichen Teilen die 400 g Beerenmischung durch die namengebenden Zutaten. Beziehen Sie ruhig auch die Schalen von Birnen, Äpfeln oder Orangen mit ein – das gibt der Limo-Basis eine feinherbe Note.

## LIMO-BASIS COLA-SPRIZZ

*Koffeinfreier Cola-Genuss*

200 g Puderzucker
1 l Wasser
Saft von 4 Zitronen
Saft von 2 Limetten
Saft, Fleisch und abgeriebene Schale von 2 Orangen
Mark von 1 Vanilleschote
je 1 EL Karamellsirup und Zitronensäure
1 TL Cola-Lebensmittelaroma
je 1 Msp. Muskat, Koriander und Zimt

- Alle Zutaten, bis auf das Aroma, mischen und aufkochen, 1 Stunde ruhen lassen
- Aroma hinzugeben
- Basis durch ein Tuch abgießen, erneut aufkochen, heiß in Flaschen abfüllen und luftdicht verschließen

## LIMO-BASIS ROYAL HIGHNESS

*Edel: mit Rosenblüten*

je 500 g Himbeeren, entsteinte Kirschen und Erdbeeren sowie Puderzucker
je ½ l Wasser und trockener Weißwein (für Kinder: Apfelsaft)
1 Handvoll Rosenblütenblätter
4 EL Rosenwasser
Saft von je 4 Orangen und Zitronen
2 EL Zitronensäure
je 1 EL abgeriebene Schalen von Orangen und Zitronen
1 Zimtstange
je 4 Nelken und Kardamomkapseln

- Zucker, Wasser und Zitrusschalen aufkochen
- Alle restliche Zutaten, bis auf das Rosenwasser, dazugeben, erneut aufkochen, 1 Stunde ruhen lassen
- Basis durch ein Tuch abgießen, Rosenwasser dazugeben
- Nochmals aufkochen, heiß in Flaschen abfüllen und luftdicht verschließen

**DAS SCHMECKT AUCH ...**
Statt Kirschen probieren Sie mal Birnen, Pfirsiche oder Quitten.

# Bowle, Bellini und Biermischgetränke

Mit selbst gemachten Säften und Sirups können Sie klassische wie moderne Mixgetränke zaubern, allen voran natürlich Bowle. Aber auch anderes mit Kultstatus darf gemischt werden. Ihnen allen ist gemeinsam: Sie sind ultralecker!

## BOWLE

*Grundrezept: Besonders beliebt mit Beeren- oder Zitrusnote*

1 l Limonade (oder je ½ l Mineralwasser und Saft)
je ½ l gekühlter Sekt (oder Prosecco) und Wein
Früchte nach Wunsch, eventuell in Stücken

- Limonade und Wein mischen, über die Früchte gießen, mindestens 2 Stunden kühlen
- Kurz vor dem Trinken mit Sekt oder Prosecco auffüllen

**DAS SCHMECKT AUCH …**
Besondere Bowlen erhalten Sie mit einem zusätzlichen Schuss Alkoholischem wie Bier, Rum oder Gin. Zudem passen hervorragend einige Blättchen Minze, Zitronen-Melisse, Thymian oder Salbei hinein. Letzterer schmeckt wunderbar in Bowlen mit Zitrusnote. Ebenso harmonieren Ingwer, Chili, Waldmeister, Ringelblumen- und Lavendelblüten oder Rosenblütenblätter, Schalen von Limette, Orange und Zitrone und vieles weitere.

**WELCHER WEIN IN DIE BOWLE?**
In helle Bowle passt ein trockener, eher fruchtiger Weißwein. Für dunkle Bowle, z.B. Beerenbowle, darf es auch mal ein trockener roter Tropfen sein.

## BASLER HYPOKRAS

*Klassischer Silvesterdrink*

je ½ l Rot- und Weißwein und Limo-Basis Zitrus
je 1 EL Zucker, abgeriebene Zitronenschale, Orangenblüten und Rosenwasser
je 1 Msp. Zimt, Nelken, Muskat, Majoran, Pfeffer, Ingwer, Koriander und Kardamom

- Alles mischen, aufkochen und 10 min simmern lassen, durch ein Sieb abgießen
- Abkühlen lassen, kalt servieren

Bier ist die Grundlage für manche gute Mischung.

### BELLINI

*Eines der Lieblingsgetränke der Venezianer*

Champagner, Sekt oder Prosecco
etwas Pfirsichsaft oder pürierter Pfirsich
etwas Zucker-, Ahorn- oder Karamellsirup

- Alle Zutaten mischen

**DAS SCHMECKT AUCH ...**

Biermischgetränke sind erfrischend und besonders im Biergarten beliebt:

**Almradler:** Kräuterlimonade und Bier nach Wunsch

**Alster, Alsterwasser, Radler, Stange:** klare Zitronenlimonade (regional auch mit Orangenlimonade oder roter Brause) und Pils

**Berliner Weiße mit Schuss:** Himbeer- oder Waldmeistersirup und obergäriges Bier

**Diesel, Moorwasser, Schmutz, Kalter Kaffee, Drecksack, Schweinebier:** Cola und Bier nach Wunsch (eher dunkle Sorten)

**Monaco:** Grenadine und Pils

**Potsdamer, Pots:** Orangenlimonade oder rote Fassbrause und helles Bier

**Saurer Russe:** Zitronenlimonade und Weizen

### KALTE ENTE

*In den USA als Cold Duck bekannt (mit Rot- statt Weißwein)*

je 1 l trockener Mosel- und Rheinwein und Sekt
1 l Saft nach Wunsch
Saft von 1 Zitrone
einige Zitronen-Melisse-Blättchen
eventuell etwas Zucker oder Vanillezucker

- Alle Zutaten mischen

### OCHSENBLUT ALKOHOLFREI

*Aus Königsberg – im Original mit rotem Burgunder*

1 l Champagner
2 Tassen roter Beerensaft

- Alles mischen, eiskalt servieren

**KREATIONEN MIT SELBST GEMACHTEM SAFT ODER LIMONADE**

Wird bei den Mixgetränken Saft oder Limonade verwendet, können Sie dafür zu besonderen Kreationen aus der eigenen Küche greifen. Anleitungen und Rezepte zum Entsaften finden Sie ab Seite 110. Selbst gemachte Limo-Basis-Mischungen, die Sie nur mit Wasser verdünnen brauchen, um eine leckere Limonade zu erhalten, stehen ab Seite 120.

# Selbst angesetzte Liköre

*Lange Zeit als Getränk mit antiquiertem Touch belächelt, kommt der Likör heute wieder in Mode. Ein selbst aufgesetzter Kräuterlikör labt nach schwerem Essen und ein Beerenlikör über Vanilleeis ist der kulinarische Abschluss jeder feinen Tafel.*

## LIKÖR

*Grundrezept*

500 g Einlagen, wie Früchte, Gewürze oder Kräuter, eventuell geschält und ohne Kerne
250 g Zucker
¾ l hochprozentiger Alkohol, wie Korn, Weinbrand oder Wodka

- Einlagen eventuell aufkochen (z.B. Holunderbeeren, da sie roh giftig sind), in eine Flasche oder Karaffe geben
- Zucker und Alkohol dazugießen
- Gut abdecken, an einem dunklen und kühlen Ort 3–8 Wochen (Beeren 3–4, Kernobst 4–6, Steinobst bis zu 8 Wochen) ruhen lassen
- In den ersten beiden Tagen zweimal gründlich rühren, damit sich der Zucker schneller löst, dann wirklich ruhen lassen
- Nach der Ruhezeit Likör durch ein mit einem Tuch ausgelegten Sieb gießen, in Flaschen füllen und verschließen

## KRÄUTERLIKÖR

*Ein „Magenputzer" und gut fürs Immunsystem*

400 g Beeren nach Wunsch, z.B. Heidelbeeren
250 g Zucker
¾ l Korn
1 Limette, in Achtel geschnitten
1 daumengroßes Stück Ingwer
je 1 EL Rosenwasser, Fenchel- und Bockshornkleesamen, getrocknete Schisandra-, Maul- und Gojibeeren
je 1 TL Paradieskörner, Koriandersamen und Steviapulver
je ½ TL Galgant, Sumach, Lemon Myrtle und Kümmel
je 10 Pimentkörner und Wacholderbeeren
je 2 Tonkabohnen und Kardamomkapseln
je 1 Sternanis und Vanilleschote, aufgeschlitzt und in Stücke geschnitten
je 1 Stängel Krause Minze, Salbei und Rosmarin

- Wie beim Likör-Grundrezept beschrieben ansetzen

## WINTERZAUBER

*Nicht nur bei Kälte lecker*

500 g Sauerkirschen (eventuell aus dem Glas)
250 g Zucker
je 375 ml Wodka und Rum
15 Kaffeebohnen, im Mörser zerkleinert
je 1 TL Vanillezucker, Ingwerpulver, Zimt und Nelken
je 1 Orange (in Achtel geschnitten) und Sternanis

- Wie beim Likör-Grundrezept beschrieben ansetzen

### WELCHER ALKOHOL PASST?

- Korn für Beerenfrüchte
- Rum für Zwetschgen und Pflaumen
- Weinbrand für Quitten und Mirabellen
- Wodka für Zitrusfrüchte
- Whiskey für Äpfel und Birnen

*Selbst gemachte Liköre sind auch tolle Mitbringsel.*

## BEERENTRAUM

*Fein fruchtig*

500 g frische gemischte Beeren, z.B. Johannisbeeren, Himbeeren und Erdbeeren
250 g Zucker
¾ l Korn
1 Vanilleschote, aufgeschlitzt und in Stücke geteilt
1 TL Lemon Myrtle

- Wie beim Likör-Grundrezept beschrieben ansetzen

## HERBSTGEFLÜSTER

*Verboten lecker*

je 100 g Pflaumen, Birnen, Äpfel und Brombeeren
je 100 g Zucker und gemahlene Haselnüsse
¾ l Whiskey
1 TL Raucharoma
je 5 Nelken, Pimentkörner und Wacholderbeeren
1 Sternanis
abgeriebene Schale von je ½ Orange und Zitrone

- Wie beim Likör-Grundrezept beschrieben ansetzen

## KAKAO-KAFFEE-LIKÖR

*Altes Familienrezept*

je 50 g gemahlenes Kaffeepulver und zerstoßene Kakaobohnen
600 ml Wasser
400 g Zucker
400 ml Korn
einige Tropfen Bittermandelaroma
Mark von 1 Vanilleschote

- Kaffee und Wasser mischen, im Wasserbad für 2 Stunden bei 80–85 °C warm halten
- Mischung durch einen Kaffeefilter gießen, Flüssigkeit auffangen und mit dem Zucker mischen
- Korn, Vanillemark und Bittermandelaroma dazugeben, abfüllen
- 4 Wochen durchziehen lassen

## Aus Weckglas oder Dose:

# HALTBARE BROTE UND KUCHEN

Der neuste Hit in den Supermarktregalen sind geschichtete Backmischungen in Gläsern. Sie sind hübsch anzusehen und beliebt als Geschenk. Sie können aber auch in Gläsern oder Dosen fertig gebackene Kuchen oder Brote verschenken!

# Die besten Brote für den Vorrat

*An verregneten Samstagmorgen, bei Stress und Schnupfen ist ein Brot im Vorratsschrank immer gut. Im Glas oder in der Dose gebacken hält es sich glücklicherweise sehr lange.*

**WIE LANGE BACKEN?**
**Im Glas:** mit oder ohne Deckel bei 180 °C je nach Behältergröße etwa 30–55 min
**In der Dose:** bei 225 °C etwa 40–50 min

Früher wurde Brot im Keller aufbewahrt: Zum Schutz vor Mäusen hängte man es auf Gestelle. Wenn Sie heute Brot oder Kuchen für längere Zeit lagern möchten, können Sie sie natürlich einfrieren. Ebenso einfach ist es, sie in hitzebeständigen Gläsern (mit passendem Deckel) zu backen und auf diese Weise haltbar zu machen. Dafür können Sie alle beliebigen Rezepte verwenden und die gefetteten und eventuell mit Semmelbrösel, Nüssen oder Körnern ausgestreuten Gläser maximal bis zwei Drittel ihrer Höhe mit Teig füllen. Dann sollten Sie sie offen im Ofen backen und die heißen Gläser sofort nach der Backzeit fest verschließen und in Ruhe auskühlen lassen. Nehmen Sie dafür Gläser mit „Plopp", also mit Bügelverschlüssen, mit Twist-off-Deckeln oder verschließen Sie die Gläser mit Glasdeckeln, Gummiringen und Weckklammern. Diese sollten Sie aus Hygienegründen vorweg mit kochendem Wasser übergießen und einige Minuten im Wasser einweichen.

Alternativ können Sie die Gläser auch vor dem Backen schließen. Aber Achtung: Gummiringe mögen es nicht so gerne über 120 °C – dann werden sie weich, im Backofen riecht es nach Gummi und nach der Prozedur sind sie leider unbrauchbar.

Sie können Brot und Kuchen auch in Dosen backen. Dazu sollten Sie leere Konservendosen mit sauber abgetrennten Deckeln mit heißem Wasser gründlich schrubben, danach gut trocknen lassen, mit Butter ausstreichen und mit Semmelbrösel ausstreuen (oder mit Backpapier auslegen). Dann werden die Teigkugeln hineingesetzt und die Dosen auf Wunsch mit dem Deckel verschlossen. Legen Sie ihn dafür einfach oben auf die Dose auf. Dann backen. Für eine Haltbarkeit des Brotes von ungefähr zwei Wochen sollten Sie die Dosen keinesfalls nach dem Backen öffnen, sondern fest verschlossen (am besten noch zusätzlich mit Schnur befestigt) gründlich auskühlen lassen.

## Wie viel Gluten steckt im Mehl?

Menschen, die wegen Krankheiten wie Zöliakie oder Allergien auf Unverträglichkeiten achten müssen, sollten immer nach den Mehlsorten schauen: Welche werden vertragen? Welche Mehle sind glutenarm oder ganz und gar glutenfrei? Gluten ist das proteinreiche Klebereiweiß, das in Getreidesamen vorkommt.

- Getreidearten mit hohem Glutengehalt sind Weizen, Dinkel, Roggen, Kamut (eine Weizenart), Emmer, Einkorn und Hartweizen.
- Getreidesorten mit geringem Glutenanteil sind Hafer und Gerste.
- Glutenfreie Mehle entstehen beispielsweise aus Amaranth, Buchweizen, Hirse, Maronen, Kartoffeln, Mais, Reis, Quinoa, Kichererbsen und Teff (siehe auch Seite 79, unter Feines fürs Baby). Glutenfreies Mehl hat ein anderes Backverhalten als glutenhaltiges (siehe auch nächster Abschnitt): Es nimmt mehr Wasser auf, Gebackenes wird dennoch oft etwas bröselig und trocken. Ein bisschen Öl zusätzlich kann Abhilfe schaffen.
- Für Nicht-Allergiker bringen glutenfreie Mehlsorten als Beimischung aufregend neue Geschmacksvariationen auf den Tisch. Maximal ein Viertel der Gesamtmehlmenge können Sie durch die glutenfreien Mehle ersetzen, damit die gewohnten Backeigenschaften erhalten bleiben.

**WIE LANGE HALTBAR?**
**Im Glas:** mit Deckel gebacken etwa 6 Monate, offen gebacken (und erst nach dem Backen verschlossen) 2 Wochen
**In der Dose:** mit Deckel gebacken etwa 2 Wochen, wenn der Deckel wirklich fest sitzt, hält das Gebackene darin monatelang.

## Glutenfrei backen

Sie können die meisten Rezepte in eine glutenfreie Variante ummodeln. Da glutenfreies Mehl andere Backeigenschaften hat als Weizen-, Roggenmehl und Co., sollten Sie für gute Backergebnisse Folgendes beachten:

- 10 % der ursprünglichen Mehlmenge durch Guarkern-, Kichererbsen- oder Sojamehl ersetzen (ungefähr 2 gehäufte EL auf 250 g glutenfreies Mehl).
- Weitere 10 % sollten Sie durch glutenfreie Stärke, z.B. Kartoffel- oder Maisstärke, ersetzen (ebenfalls ungefähr 2 gehäufte EL auf 250 g glutenfreies Mehl).
- Die restlichen 80 % der Menge bestehen aus weiteren glutenfreien Mehlsorten.
- Bei Rezepten mit Ei einfach 1 Ei zusätzlich dazugeben, ansonsten 2–3 EL Quark oder Joghurt hinzufügen.
- Glutenfreies Mehl benötigt mehr Feuchte zum Backen – daher 10 % der im Rezept angegebenen Flüssigkeitsmenge zusätzlich hinzugeben.
- Glutenfreies Mehl verträgt etwas mehr Hitze beim Backen: Stellen Sie den Backofen 10–20 °C höher ein als im ursprünglichen Rezept angegeben.

*Brot aus der Dose.*

## TOASTBROT

*Für Sandwiches oder einfach mit Butter und Konfitüre*

500 g Weizenmehl
300 g Milch
2 EL Speisestärke
1–2 EL weiche Butter
je 1 EL Malzextrakt und Zucker
je 1 TL Trockenhefe und Salz
Butter und Semmelbrösel für die Gläser oder Dosen

- Alle Zutaten lauwarm mischen, kneten und abgedeckt an einem zugluftfreien Ort 12 Stunden gehen lassen
- Backofen auf 180 °C (Glas) oder 225 °C (Dose) vorheizen
- Teig in gefettete und mit Semmelbrösel ausgestreute Gläser oder Dosen geben, maximal zu zwei Drittel der Höhe füllen, mit Alufolie abdecken
- 25 min backen, Folie entfernen und weitere 10–15 min backen, sofort fest verschließen

## SCHROTBROT MIT BUTTERMILCH

*Fürs Sonntagsfrühstück*

255 g Weizenschrot
je 250 g Weizen- und Roggenmehl
je 2 Handvoll Leinsamen, Sonnenblumen- und Kürbiskerne
½ l Buttermilch
2 Äpfel, gerieben
je 2 EL Kräutersalz und Malzextrakt
1 EL Trockenhefe
je ½ TL Fenchel, Koriander und Kümmel
Fett und Semmelbrösel für die Gläser oder Dosen

- Alle Zutaten lauwarm verkneten, abgedeckt an einem zugluftfreien Ort 2–3 Stunden gehen lassen
- Backofen vorheizen: 180 °C (Glas) oder 225 °C (Dose)
- Gläser oder Dosen fetten und mit Semmelbrösel ausstreuen, Teig zu maximal zwei Drittel der Gefäßhöhe einfüllen
- Brote 30 min unverschlossen backen, Ofen abstellen
- Gefäße sofort fest verschließen, wieder in den warmen Ofen zurückstellen, bis die Brote erkaltet sind

## CIABATTA

*Aus Italien*

400 g Mehl
350 ml Wasser
1 EL Salz
2 Msp. Trockenhefe
Fett und etwas Mehl für die Gläser oder Dosen

- Alle Zutaten lauwarm mischen, kneten und abgedeckt an einem zugluftfreien Ort 1 Tag gehen lassen
- Backofen auf 180 °C (Glas) oder 225 °C (Dose) vorheizen
- Brote formen und in gefettete und bemehlte Gläser oder Dosen geben, mit Mehl bestäuben
- Mit Alufolie fest abdecken
- Brote 20 min backen, Alufolie abnehmen und weitere 15 min backen
- Sofort fest verschließen

*Toastbrot.*

## EINER-FÜR-ALLES-HEFETEIG

*Für süße und herzhafte Hefeteig-Kreationen*

500 g Mehl
200 g Flüssiges, wie Milch oder Saft (oder gemischt) für süße Teige; Mineralwasser für pikante Teige
50 g Butter für süße Teige oder Olivenöl für pikante Teige
1 Würfel frische Hefe
1 Ei
1 Prise Salz
Fett und Semmelbrösel für die Gläser oder Dosen
für süße Teige: 3–4 EL Zucker
für pikante Teige: 1 TL Salz zusätzlich

- Flüssigkeiten, Ei und Butter wärmen, bis alles handwarm ist
- Alle Zutaten mischen und kneten
- Zugedeckt 1 Stunde an einem warmen Ort gehen lassen
- Backofen auf 180 °C (Glas) oder 225 °C (Dose) vorheizen
- Teigportionen in gefettete und mit Semmelbrösel ausgestreute Gläser oder Dosen füllen, nicht verschließen, in den Ofen schieben und eine hitzebeständige Schüssel mit Wasser auf den Backofenboden stellen, Ofen abstellen
- 30 min backen, sofort fest verschließen, in den warmen Ofen zurückstellen, bis die Brote erkaltet sind

**DAS SCHMECKT AUCH …**

Mit ein paar weiteren Zutaten gelingen köstliche Kreationen:
**Kräuterfladen:** 2–3 EL gerebelte gemischte Kräuter
**Tomatenbrötchen:** 1 Handvoll getrocknete Tomaten
**Zwiebelbrot:** 3–4 Zwiebeln (gewürfelt und gedünstet) und 1 TL Kümmel
**Salbei-Knoblauch-Buchteln:** 2 zerdrückte und gedünstete Knoblauchzehen sowie je 2 EL fein gehackte frische Salbeiblättchen und geriebener Parmesan
**Süßer Zopf:** 300 g Pflaumen- oder Apfelmus, 2 EL Hagelzucker
**Mohnzopf:** 1 Tütchen Backmohn
**Stollen:** je 100 g Mandeln und Rosinen, je 50 g Zitronat und Orangeat, 2 EL Zitronensaft oder Rum, je ½ TL gemahlener Ingwer, Kardamom, Zimt und Macis

## FRÜCHTEBROT

*Auch ein schönes Geschenk*

500 g Roggenmehl
350 ml Wasser
75 g Sauerteig
je 2 TL Trockenhefe und Salz
1,5 kg gemischte Trockenfrüchte wie Pflaumen, Aprikosen, Äpfel und Rosinen
2 Becher Apfelsaft
Saft von 1 Orange
500 g gehackte Mandeln
1 EL Lebkuchengewürz
1 TL Zimt
2–3 EL flüssige Butter

- Apfel- und Orangensaft mischen, Früchte darin 1 Tag einweichen
- Aus Roggenmehl, Wasser, Sauerteig, Trockenhefe und Salz einen Teig rühren, 1 Tag gehen lassen
- Alle Zutaten (bis auf die Butter) mischen, kleine Laibe formen, 1 Stunde ruhen lassen
- Backofen vorheizen: 180 °C (Glas) oder 225 °C (Dose)
- Teig in gefettete Gläser oder Dosen füllen, 45 min offen backen
- Brote noch heiß mit flüssiger Butter bestreichen, sofort fest verschließen

# Pikante Brotaufstriche

*Sprossen einfach selbst ziehen und den Nuss-Aufstrich damit verfeinern.*

Brotaufstriche sind ratzfatz gemacht, halten sich im Kühlschrank tagelang und überraschen mit vielen geschmacklichen Varianten. Lassen Sie sich von diesen feinen pikanten Mischungen überraschen – oder kreieren Sie eigene Brotaufstriche!

## HUMMUS

*Lieblingsaufstrich mit orientalischer Note*

150 g vorgegarte Kichererbsen (aus der Dose)
1 Handvoll Kichererbsensprossen
3–4 Knoblauchzehen
4–6 EL Tahina (Sesampaste)
4 EL Olivenöl
Saft von 1 Zitrone
je 2 EL fein gehackte glatte Petersilie, stilles Mineralwasser und Naturjoghurt
1 TL Salz
½ TL Kreuzkümmel
1 Msp. Cayennepfeffer

- Alle Zutaten mischen, pürieren und in Gläser füllen
- Kühl stellen

## PESTO-AUFSTRICH

*Mit Italienfeeling*

6 getrocknete Tomaten, fein geschnitten
½ Bund Basilikum, fein gehackt
je 2 EL Mozzarella-Stückchen, Schmand, weiche Butter, Tomatenmark und Pinienkerne
2 Knoblauchzehen, zerdrückt
je ½ TL gerebelter Rosmarin und Thymian
2 Salbeiblättchen
Salz und Pfeffer

- Pinienkerne ohne Fett in einer beschichteten Pfanne anrösten, fein hacken
- Alle Zutaten mischen, abschmecken und abfüllen, kühl stellen

## NUSS-AUFSTRICH

*Mit leckeren Sprossen*

2 Handvoll Sprossenmischung
je 2 EL Tomatenmark, Schmand, gutes Pflanzenöl und gehackte Nüsse nach Gusto
1 TL Salz
je ½ TL Curry, Schabzigerklee, Chiliflocken, Pfefferschrot, Paprika edelsüß und rosenscharf

- Alles mischen, pürieren und in Gläser abfüllen
- Kühl stellen

### SALBEI-ZWIEBEL-AUFSTRICH

*Mit vielen feinen Kräutern*

je 1 Handvoll Salbeiblättchen, Schalottenwürfel und Cocktailtomaten
1 Knoblauchzehe
2 EL Olivenöl
je 1 EL Thymianblättchen, Rosmarinnadeln, Zitronensaft und Tomatenmark
1 TL Honig
1 Spritzer Sojasauce
1 Msp. Cayennepfeffer

- Alles zusammen in einen Mixer geben und möglichst fein pürieren
- Abschmecken, abfüllen und kühl stellen

**DAS SCHMECKT AUCH …**
Den Honig können Sie durch Ahornsirup oder Zucker ersetzen – schon erhalten Sie einen veganen Brotaufstrich.

### FALSCHER LIPTAUER

*Auch zu Pellkartoffeln lecker*

je 2 EL Quark, Schmand und weiche Butter
1 Zwiebel, gerieben
2 Gewürzgurken, fein gewürfelt
½ grüne Paprika, in feine Streifen geschnitten
2–3 EL Schnittlauchröllchen
je 1 EL pürierte Kapern und Sardellenpaste
1 TL Salz
je ½ TL Paprika rosenscharf, Kümmel und Pfeffer

- Alle Zutaten (bis auf 1–2 TL Schnittlauch und Paprikastreifchen für die Dekoration) mischen
- Creme abschmecken und abfüllen, mit Schnittlauch und Paprika bestreuen, kühl stellen

### EINGEMACHTER KÄSE

*Würziger Käseaufstrich fürs Brot*

500 g Käsereste aller Art, falls nötig von Rinden befreit
120 g Butter
4 EL Sherry, Portwein oder Weinbrand
je 1 Msp. Muskat und Senfpulver
nach Belieben 1 Msp. zusätzliche Gewürze wie Curry, Chili, Thymian, Pfefferschrot, Paprika oder Schabzigerklee
pro Glas 2–3 EL Schweine- oder Butterschmalz

- Alle Zutaten (bis auf das Schmalz) mischen, im Mixer pürieren und in kleine Gläser füllen
- Schmalz erwärmen und flüssig werden lassen, Käsemasse damit luftdicht abschließen
- Gläser fest verschließen, kalt stellen, Haltbarkeit: etwa 4 Wochen

### MANGO-CHILI-AUFSTRICH

*Exotischer Genuss*

je 1 Mango, Birne und rote Chilischote, jeweils püriert
Saft und abgeriebene Schale von ½ Limette
je 2 EL Quark, Olivenöl und Mandeln
1 TL Honig
Salz und Pfeffer

- Alles mischen, abschmecken und abfüllen
- Kühl stellen

### ROTE-BETE-MEERRETTICH-AUFSTRICH

*Klassisch gute Mischung*

2 Handvoll gekochte Rote Bete
je 2 EL Schmand, Brombeerkonfitüre, Schalottenwürfel und Sahnemeerrettich aus dem Glas
je 1 TL Honig und Zitronensaft

- Alles zusammen pürieren
- Abschmecken, abfüllen und kühl stellen

### GEMÜSEAUFSTRICH

*Vegan*

je 4 EL Zwiebelwürfel, Lauchröllchen und geraspelte Möhren
je 2 EL gemischte grüne Kräuter, Butter und Olivenöl
Salz und Pfeffer

- Butter erhitzen, alles darin andünsten
- Zutaten im Mixer fein pürieren, dann abschmecken
- Masse abfüllen, kühl stellen

# Süße Brotaufstriche

Auch Leckermäulchen, die auf Süßes stehen, kommen nicht zu kurz. Ob klassisch, traditionell, jahreszeitlich-abwechslungsreich oder exotisch-ungewöhnlich, hier finden Sie Anregungen für geschmackliche Vielfalt auf der guten alten „Schnitte“. Lassen Sie sich überraschen!

*„Nutella“ homemade.*

**FÜR FESTERE CREMES**
Die Aufstriche werden insgesamt etwas fester, wenn Sie 1–2 TL pflanzliches Bindemittel wie Johannisbrotkernmehl, das auch ohne Kochen andickt, untermischen.

## NUSS-NOUGAT-CREME

*Für die Kleinen ebenso lecker wie für die Großen*

je 1 EL Honig, Sahne, Butter, Nougat und geröstete, gemahlene Haselnüsse
¾ TL Kakao
1 Msp. Zimt

- Honig und Sahne in einem Topf erwärmen, Butter und Nougat dazugeben, unter Rühren alles gut auflösen
- Haselnüsse, Kakao und Zimt dazugeben, alles gut mischen
- Masse abfüllen, kühl stellen

## WHITE DREAM

*Die weiße Edel-Alternative zur Nuss-Nougat-Creme*

je 2 EL geriebener Apfel, Schmand und gehackte weiße Kuvertüre
je 1 TL abgeriebene Limettenschale und fein geriebener Ingwer

- Kuvertüre schmelzen
- Restliche Zutaten mischen, aufkochen und unter die geschmolzene Kuvertüre rühren
- Masse abfüllen und fest werden lassen

## CRUNCHY-ERDNUSS-BUTTER

*Lecker in salzig-süßer Kombination mit Gelee*

2 Handvoll geröstete und gesalzene Erdnüsse
1 EL Erdnussöl
1 TL Zucker

- Hälfte der Nüsse, Zucker und Öl im Mixer zusammen fein pürieren, andere Hälfte nur grob hacken
- Masse abfüllen, kühl stellen

## SPEKULATIUSAUFSTRICH

*Eine tolle Resteverwertung nach Weihnachten*

200 g Spekulatiuskekse, zerbröselt
150 g weiche Butter
3–4 EL Sahne
2 EL Honig
1 TL Zimt
je 1 Msp. Salz, Zimt, Muskatnuss, Nelken und Anis
eventuell 1 EL Ovomaltine oder Dawamalt
eventuell 1 EL Kaffee-Sahne-Likör

- Alle Zutaten mischen, Creme abfüllen und kühl stellen

## DATTEL-SONNENBLUMEN-KERNE-AUFSTRICH

*Orientalisch süß*

6 getrocknete Datteln, sehr fein gewürfelt
1 Handvoll gehackte Haselnüsse
je 2 EL Sonnenblumenkerne, weiche Butter, Kakaopulver und Schmand
1 TL Vanillezucker
je 1 Msp. gemahlenes Piment, Nelken und Zimt

- Haselnüsse ohne Fett in einer beschichteten Pfanne anrösten
- Alle Zutaten mischen und pürieren
- Masse abfüllen und kühl stellen

## SCHOKOCREME

*Einfach zu machen*

1 Tafel Vollmilchschokolade
150 g Butter
1 Dose gezuckerte Kondensmilch
1 EL Kakao

- Schokolade und Butter langsam im Topf schmelzen, ab und zu umrühren
- Topf vom Herd nehmen, Kondensmilch und Kakao einrühren
- Masse abfüllen, kühl stellen

## ERDBEER-MANDEL-VANILLE-AUFSTRICH

*Schmeckt nach Sommer*

2 Handvoll Erdbeeren, mit der Gabel zerdrückt
1 Vanilleschote
4 EL weiche Butter
je 2 EL Quark, gemahlene Mandeln und geschlagene Sahne
je 1 TL Honig und Vanillezucker
je 1 Msp. Pfeffer, gemahlenes Piment und Zimt

- Alles Zutaten mischen, abfüllen und kühl stellen

## BANANEN-QUARK-AUFSTRICH

*Auch gut als Krankenkost*

1 Banane, mit einer Gabel zerdrückt
3–4 EL weiche Butter
Saft und abgeriebene Schale von 1 Zitrone
je 2 EL Quark und Nusssplitter
je 1 EL Honig, fein geriebener Ingwer und gehackte Melissenblättchen

- Alle Zutaten mischen, abfüllen und kühl stellen

# Köstliche Kuchen

*Überraschungsbesuch zum Tee? Huch, die Kollegin hat heute Geburtstag und Sie haben es vergessen? Manchmal bleibt keine Zeit zum Backen. Oder Sie haben einfach spontan Appetit auf ein Stückchen Kuchen. Mit Kuchen im Glas sind Sie stets gerüstet.*

## BECHER-NUSSKUCHEN

*Einfach den leeren Sahnebecher als Maß verwenden*

2 Becher Mehl
5 Eier
je 1 Becher Zucker und Schlagsahne
½ Becher gemahlene Haselnüsse
je 1 Päckchen Backpulver und Vanillezucker
Fett und Semmelbrösel für die Gläser oder Dosen

- Backofen auf 180 °C (Glas) oder 225 °C (Dose) stellen
- Alle Zutaten zusammenrühren und in gefettete, mit Semmelbrösel ausgestreute Gläser oder Dosen einfüllen
- 30 min backen, sofort fest verschließen

**DAS SCHMECKT AUCH …**

Dieses Rezept ist statt mit Nüssen auch mit Kokosflocken, Schokoraspeln, Rosinen oder Mohn sehr lecker.

**KLEINE ABMESSEREIEN GANZ OHNE WAAGE**

Abfallverwertung mal auf andere Weise … So viel ungefähr wiegen Mehl und Co. in den verschiedenen Plastikbechern:

**Buttermilchbecher (500 ml):** 500 g Zucker oder 360 g Mehl
**Schlagsahnebecher (200 ml):** 200 g Zucker oder 130 g Mehl
**Joghurtbecher (150 g):** 175 g Zucker, 100 g Mehl, 130 g Grieß, 165 g Öl oder 65 g Kokosraspeln
**Schmandbecher (200 g):** 230 g Zucker, 180 g Mehl oder 250 g Öl

*Geht ganz einfach mit dem Tassen- oder Bechermaß …*

## SCHOKO-KUCHEN

*Rezept aus den USA*

2 Tassen Mehl
3 Eier
je 1–2 EL brauner und weißer Zucker, gehackte Walnüsse, Sahne, Kakaopulver, grob geriebene Schokolade und Butter
1 TL Backpulver
Mark von 1 Vanilleschote
1 Prise Salz
Butter und Semmelbrösel für die Gläser oder Dosen

- Ofen auf 180 °C (Glas) oder 225 °C (Dose) vorheizen
- Alle Zutaten mischen
- Teig in gefettete und mit Semmelbrösel ausgestreute Gläser oder Dosen einfüllen, ca. 35 min backen, sofort fest verschließen

**DAS SCHMECKT AUCH …**

Nehmen Sie statt Kakaopulver, Schokolade und Walnüssen:

**Beeren-Kuchen:** rote Beeren

**Joghurt-Apfel-Kuchen:** Apfelstückchen, gehackte Haselnüsse und etwas Joghurt

**Nuss-Nougat-Kuchen:** Nuss-Nougat-Creme (auf Wunsch selbst gemacht, Rezept auf Seite 134)

**Bananen-Kokos-Kuchen:** Bananen und Kokosflocken

**Lebkuchen-Kuchen:** zerbröselte Lebkuchen, Kandiszucker und abgeriebene Orangenschale

**Dattel-Kuchen:** gehackte Datteln, Karamellcreme und 1 Prise Salz zusätzlich

**Heidelbeer-Kuchen:** Heidelbeeren, gehackte Pistazien und Karamellcreme

**Kirsch-Apfelmus-Kuchen:** Kirschen, gemahlene Mandeln und Apfelmus

**TEIGPROBE**

Ist der Kuchen fertig oder nicht? Das erfahren Sie, wenn Sie mit einem Holzstäbchen oder einem Schaschlikstab aus Edelstahl mittig in den Kuchen einstechen. Bleibt roher Teig daran hängen, muss der Kuchen noch etwas länger backen. Wird er dabei zu dunkel, einfach mit Alufolie abdecken.

# SERVICE

## ZUM WEITERLESEN


Bellersen Quirini, Cosima:
Einfach Wurst! Pfiffige Rezepte für die eigene Küche, Ulmer 2012

Bellersen Quirini, Cosima:
Fermentieren. Das Rezeptbuch, Ulmer 2015

Bellersen Quirini, Cosima:
Joghurt, Quark und Käse – natürlich selbst gemacht, Ulmer 2018

Bellersen Quirini, Cosima:
Räuchern für Genießer - Fisch, Fleisch, Gemüse, Brot, Nüsse und mehr, Ulmer 2016

Gahm, Bernhard:
Würste, Sülzen, Pasteten, Ulmer 2013

Geißler, Lutz:
Das Brotbackbuch Nr. 1, Ulmer 2022

Geißler, Lutz; Hollensteiner, Björn:
Das Brotbackbuch Nr. 2, Ulmer 2022

Hölzl-Singh, Yvonne:
Käse, Joghurt, Tofu, Milch. Vegan und selbstgemacht, Ulmer 2017

Lewin, Alex:
Real Food Fermentation, Preserving Whole Fresh Food with Live Cultures in Your Home Kitchen, Quarry 2012

Marx, Michaela:
Nix bleibt übrig. Mit über 100 Rezepten Obst und Gemüse restlos verwerten. Ulmer 2022

Oettle, Susanne:
Liköre – regional und saisonal. Aus Garten, Wald und Wiese, Ulmer 2017

Samwald, Achim:
Dörren – Früchte, Gemüse, Kräuter, Pilze und mehr, Ulmer 2017

Terre Vivante (Hrsg.):
Natürlich konservieren, die 250 besten Rezepte, um Obst und Gemüse naturnah haltbar zu machen, Ökobuch 2013

## BEZUGSQUELLEN

**GLÄSER UND ZUBEHÖR ZUM EINMACHEN:**

J. Weck GmbH und Co. KG
www.weck.de

Olaf Steenbuck
CapCro Glasshop
www.capcro-glasshop.de

**EINKOCHEN VON WURST UND FLEISCH:**

Birgit Högl-Späth
Gewürze und Wurstbedarf
www.gewuerze-wurstbedarf.de

Salm KG Hauschlachtereibedarf
www.salm-karlsruhe.de

**FLASCHEN UND ZUBEHÖR FÜR SÄFTE UND SIRUP:**

Holzeis GmbH
Getränke, Schnaps und Bierbrauerei, Hobbybedarf
www.holzeis.com

Karl Bockmeyer Kellereitechnik
Gläser und Flaschen aller Art
www.bockmeyer.de

ReKru GmbH
Brennerei- und Kellereibedarf
www.rekru.de

**FÜR HALTBARE BROTE UND KUCHEN:**

Backwelt, Manfred Rauch
Backformen und Zubehör
www.backwelt.at

Firma Ernst Birnbaum,
Inh. Dr. Steffen Heinig
www.brotformen24.de

Hobbybäcker-Versand
Mehle, Formen und Zubehör
www.hobbybaecker.de

Schnitzer GmbH und Co. KG
Getreidemühlen und Getreide
www.schnitzer.eu

Zinßermühle, Jürgen Zinßer
Mehle und Backwerkzeuge
www.zinssermuehle.de

## BILDQUELLEN

Alle Fotos stammen von Ulrich Loeper, Celle, mit Ausnahme der folgenden:

Titelfoto vorn: StockFood/StockFood Studios/Holsten, Ulrike

Cosima Bellersen Quirini: Seite 43
Verena Hillgärtner: Seite 106
Silke Klewitz-Seemann: Seite 96
mauritius images: Seite 20, 85
Heike Schmidt-Röger: Seite 78, 90, 108/109, 112, 125
Christian Jung/shutterstock.com: Seite 53
angelakatharina/shutterstock.com: Seite 25
stockfood/Schindler, Martina: Seite 76

# Rezepte und mehr schnell finden

COSIMA BELLERSEN QUIRINI

ist leidenschaftliche Selbermacherin und in ihrer Küche äußerst kreativ. Die gelernte Kulturhistorikerin hat schon mehrere Bücher über unterschiedliche „Selbermachen"-Themen geschrieben, zu Hausgemachtem und verschiedensten Hausmitteln. Dabei reicht das Spektrum von Aprikosenölseife bis Ziegenkäse, von Joghurt, Quark & Co. bis hin zu Naturkosmetik.



IMPRESSUM

**Bibliografische Information der Deutschen Nationalbibliothek**
Die Deutsche Nationalbibliothek verzeichnet diese Publikation in der Deutschen Nationalbibliografie; detaillierte bibliografische Daten sind im Internet über http://dnb.d-nb.de abrufbar.


Wollgrasweg 41, 70599 Stuttgart (Hohenheim)
E-Mail: info@ulmer.de
Internet: www.ulmer-verlag.de
Lektorat: Antje Krause, Antje Munk
Satz: Susanne Junker red.sign, Stuttgart
Umschlaggestaltung: Katja von Ruville, Frankfurt a. M.
Druck und Bindung: Westermann Druck, Zwickau
Printed in Germany

**ISBN 978-3-8186-0121-8**

**Anmerkung zur Schreibweise (Gendering):** Gendergerechtigkeit und Inklusion sind bei uns gelebte Praxis – bei der Auswahl unserer Themen, bei der Recherchearbeit, in der Gestaltung. Unsere Texte meinen alle. Damit unsere Inhalte jedoch gut lesbar bleiben, verzichten wir in diesem Werk auf die jeweilige Mehrfachnennung oder Anpassung der Schreibweise bestimmter Bezeichnungen an die weibliche, männliche oder diverse Form.

MIX
Papier aus verantwortungsvollen Quellen
FSC® C110508
FSC www.fsc.org